TITAN

JEUNESSE

CHANSON POUR FRÉDÉRIC

De la même auteure chez Québec Amérique

Jeunesse

Les Fausses notes, coll. Titan, 1999.

Les Naufrages d'Isabelle, coll. Titan, 2002.
- **Live préféré des jeunes, Communication-Jeunesse 2002-2003.**

Envers et contre tous, coll. Titan, 2004.

CHANSON POUR FRÉDÉRIC

TANIA BOULET

QUÉBEC AMÉRIQUE Jeunesse

Catalogage avant publication de Bibliothèque et Archives Canada
Boulet, Tania
Chanson pour Frédéric
(Titan jeunesse ; 30)
ISBN 2-89037-706-7
I. Titre. II. Collection.
PS8553.O8445C42 1996 JC843'.54 C95-940510-3
PS9553.O8445C42 1996
PZ23.B68Ch 1996

Conseil des Arts du Canada
Canada Council for the Arts
SODEC Québec

Nous reconnaissons l'aide financière du gouvernement du Canada par l'entremise du Programme d'aide au développement de l'industrie de l'édition (PADIÉ) pour nos activités d'édition.

Gouvernement du Québec – Programme de crédit d'impôt pour l'édition de livres – Gestion SODEC.

Les Éditions Québec Amérique bénéficient du programme de subvention globale du Conseil des Arts du Canada. Elles tiennent également à remercier la SODEC pour son appui financier.

Québec Amérique
329, rue de la Commune Ouest, 3e étage
Montréal (Québec) H2Y 2E1
Téléphone : (514) 499-3000, télécopieur : (514) 499-3010

Dépôt légal : 3e trimestre 1996
Bibliothèque nationale du Québec
Bibliothèque nationale du Canada

Révision linguistique : Diane Martin
Montage : Yanik Préfontaine
Réimpression : avril 2005

www.quebec-amerique.com

À Stéfany, Anne et Karine,
pour les belles heures de musique
«dans la cave chez Stef»...
on n'était quand même pas si mal!

CHAPITRE 1

J'entre dans la tabagie avec une grande bouffée de vent. Dehors, le soleil revient en force après une absence de plusieurs jours, faisant éclater les couleurs de l'automne. Je me dirige aussitôt vers l'étalage de revues. Un grand blond aux yeux bleus se plante devant moi.

— David ! Qu'est-ce que tu fais ici ? Un samedi matin, à neuf heures, ce n'est pas tellement ton genre, il me semble !

— Je travaille depuis deux semaines. Ce n'est pas toujours facile, j'te jure ! J'aurais donné n'importe quoi pour rester couché, aujourd'hui...

C'est vrai qu'il a les yeux un peu rouges et les traits tirés.

— J'ai l'impression que tu as fait quelque chose hier, et pas des maths...

— Heu, eh bien... oui... Y avait un party chez Dany puis...

— David, tu t'étais promis de finir tes exercices pour la fin de semaine. Tu vas encore couler ton examen.

— À moins que tu m'aides...

— Désolée, il va falloir que tu te débrouilles sans moi. Et ne me fais pas ces yeux-là, ça ne sert à rien. C'est non.

— Max, s'il te plaît, s'il te plaît, tu ne peux pas m'abandonner, tu sais que je le raterais sans ton aide...

Il y a de grosses chances, en effet. Mais il reste encore un petit espoir. Ce gars-là n'est quand même pas idiot ! J'essaie de le convaincre que la matière est facile et que ça va bien aller s'il y met un peu du sien, il ne veut rien entendre. Malheureusement, j'ai promis à Joëlle, ma meilleure amie, d'aller passer la fin de semaine avec elle à son chalet. Monsieur David n'aime pas se faire dire non. Il ne se gêne pas pour me le montrer. Sa mauvaise humeur se lit sur son visage. Très cher David. Toujours aussi agréable à vivre. Je soupire.

— Écoute, on revient demain vers trois heures. Si ça fait ton affaire, on pourrait se rencontrer après le souper.

Son large sourire vaut à lui seul tous les mercis du monde.

— Je t'adore, Max.

C'est ça, c'est ça, il m'adore. Si seulement il pouvait voir en moi autre chose qu'une calculatrice vivante, peut-être qu'il m'adorerait un peu moins et qu'il m'aimerait un peu plus...

Plongée dans mes réflexions, je prends deux revues sans trop regarder ce qu'elles contiennent. J'espère que Joëlle les trouvera de son goût.

Je paie en promettant au moins trois fois à David de lui téléphoner dès mon retour.

— Tu ne m'oublieras pas ? Peut-être que je devrais t'appeler moi-même ?

Je vois d'ici ma mère au bord de la crise de nerfs, qui m'accueille en accusant David d'avoir complètement gâché son après-midi en faisant sonner le téléphone toutes les cinq minutes.

— Non, je vais t'appeler, moi. Arrête donc de t'inquiéter. Est-ce que je t'ai déjà oublié ?

— Non, mais...

— Pas de mais. À demain. Et ne te couche pas trop tard ce soir.

— Oui, maman.

Il ne changera jamais, ce David.

Je cours presque pour me rendre chez Joëlle. Elle m'avait dit d'être là à neuf heures et demie. Ma montre indique neuf heures vingt-huit quand j'arrive devant la maison. Joëlle, son frère Frédéric et Martin, l'ami de Frédéric, se trouvent déjà dans l'auto. Joëlle sort sa tête par la fenêtre et crie :

— Dépêche-toi, Max, on t'attend !

Je ne peux quand même pas courir plus vite ! Essoufflée, je m'engouffre dans la voiture. Frédéric passe à un cheveu d'accrocher le poteau de téléphone en sortant du stationnement. Joëlle lève les yeux au ciel.

— Mon frère est un danger public.

— Ferme-la, Joëlle.

— Et toi, sois poli. Regarde-toi aller avant de me donner des ordres.

— On en reparlera quand tu auras tes seize ans et ton permis, sœurette.

— D'accord. Tu ne perds rien pour attendre.

Ces deux-là s'adorent. Personne ne le croirait, à les entendre se chamailler à cœur de jour, de semaine et d'année, mais une grande complicité les unit, Joëlle et Frédéric. Une complicité que j'envie, moi qui n'ai ni frère ni sœur. Ils sont pourtant si différents. Joëlle est exubérante, impulsive et un peu tête en l'air, Frédéric est calme, posé et réfléchi. Joëlle aime le soleil, Frédéric adore les tempêtes. Joëlle parle tout le temps, Frédéric écoute beaucoup. Joëlle est rêveuse, Frédéric rationnel. Le jour et la nuit, même au physique : Joëlle a le regard d'un gris lumineux alors que Frédéric se cache derrière le mystère de ses yeux noirs. Ce n'est que par leurs cheveux châtains (indomptables chez Joëlle, toujours en place chez Frédéric) qu'on peut croire qu'ils appartiennent à la même famille.

Depuis que nous avons quitté le village, Joëlle cherche un prétexte pour m'entraîner loin des garçons à notre arrivée au chalet. Cela crève les yeux. Un enfant de six ans comprendrait que quelque chose la chicote, à la voir se tordre les mains et regarder dehors d'un air préoccupé. Et elle ne dit rien, ce qui est plus qu'inhabituel.

Je l'ai, moi, son prétexte, et je le lui sers sur un plateau d'argent quand l'auto s'arrête. Mine de rien, je lui annonce que j'ai apporté deux revues. Les articles sur des chanteurs à la mode doivent être le dernier de ses soucis pour le moment, mais elle saute sur l'occasion avec un enthousiasme un peu trop évident.

— Ah oui ? J'ai envie de les regarder tout de suite... On devrait se rendre à notre coin secret.

Notre « coin » n'a pourtant de secret que le nom. C'est un rocher découvert et nu, ni grand ni petit mais d'où on a une vue magnifique sur la mer et les îles. C'est l'endroit idéal pour nos grandes conversations sérieuses, qui traitent toujours du même sujet : les gars, évidemment.

— Tu ne trouves pas qu'il est beau ?

Complètement perdue, je la regarde qui suit rêveusement le vol d'un goéland.

— Qui ça ?

— Eh bien, Martin.

Mais oui, voyons. L'évidence même...

— Martin qui ?

Martin Bouchard, dans notre cours de chimie ? Martin Gingras, le joueur étoile de l'équipe de basket de l'école ? Martin Delisle, le nouveau (et jeune) prof de français ?

— Martin Dionne, voyons !

— L'ami de Frédéric ?

— Bien sûr, l'ami de Frédéric, qui d'autre ? Sors de la lune, Max !

Son excitation ne m'atteint pas le moins du monde. D'un ton tout à fait neutre, je lui demande si le nom de Jean-François Lemieux lui dit quelque chose. Elle se calme un peu.

— Quoi, Jean-François Lemieux ?

— Jean-François, ton dernier grand amour, soi-disant l'homme de ta vie, qui t'a brisé le cœur si fort que tu disais que tu ne voulais plus rien savoir des gars...

— Tu ne m'as pas prise au sérieux, j'espère ? De toute façon, ce n'est pas à quinze ans qu'on le trouve, l'homme de sa vie.

— Quand même, il y a tout juste deux

semaines que c'est fini et tu commences déjà à t'emballer pour un autre !

— Oui, mais là... Martin, c'est pour vrai. Cette fois, je sens que ça va marcher, qu'il va se passer quelque chose. Je n'ai jamais eu autant de frissons juste à regarder un gars. Et puis, il a quelque chose de plus que les autres... Plus tranquille, plus sérieux...

Je me demande si elle se rend vraiment compte de la situation. Tomber amoureuse du meilleur ami de son frère pourrait amener certaines frictions.

— Attention, Jo ! Je ne crois pas que Frédéric sauterait de joie à l'idée que tu viennes t'imposer. Martin passe tout son temps avec lui...

— Je sais, cette histoire-là me travaille. Mais un jour ou l'autre, il va bien falloir que Martin ait une blonde, alors moi ou une autre, quelle différence ça peut faire ?

— Une grosse différence. Frédéric ne serait pas du genre un peu jaloux, par hasard ?

— Oui, tu as raison. Il pourrait devenir jaloux. Mais...

— Mais il se ferait à l'idée.

— Exactement. Comment as-tu deviné ?

— Depuis trois ans, je passe la moitié de mon temps chez vous et le tiers de mes étés à votre chalet, je commence à vous connaître un peu !

— Oui... Mais ça fait trois ans aussi qu'on voit tout le temps Martin avec Frédéric, pourquoi je ne le connais presque pas ? Et pourquoi il ne me parle pas ? Pourquoi il ne me sourit pas ? Pourquoi il fait comme si je n'existais pas ?

La voilà partie dans une grande envolée de questions existentielles. Ça va finir par une crise de « Personne m'aime », comme d'habitude. Pour éviter le drame, je détourne son attention en lui confiant que j'ai rencontré David ce matin. Du coup, elle en oublie Martin et ses pourquoi. Depuis le temps qu'elle se demande si David et moi allons finir par sortir ensemble, Joëlle a hâte de voir si ses prédictions vont aboutir quelque part. Avec son caractère fougueux, elle vit les choses plus intensément que moi... même quand il s'agit des événements de ma propre vie.

— David ? Ce matin ? À neuf heures et demie ?

— Neuf heures, Jo, neuf heures. Surprenant, hein ? Il travaille à la tabagie à côté de l'église, celle qui vient d'ouvrir.

— Et ? Qu'est-ce qu'il t'a dit ?

— Pas grand-chose. Il m'a demandé de l'aider dans ses maths.

— Je n'ai jamais vu quelqu'un d'aussi peu pressé que lui. Penses-tu qu'il va finir par se décider ?

— Se décider à faire quoi, veux-tu bien me dire ? David ne veut rien savoir de moi, même si tu penses le contraire. Tu aimes trop t'inventer des histoires, Joëlle. Si tu veux y croire à tout prix, moi, ça ne me dérange pas, sauf qu'il faudrait que tu t'arranges pour qu'elles soient réalistes, tes histoires.

— C'EST réaliste, Maxine ! Ce gars-là a une façon de te regarder...

— Ah oui ?

Tiens, du nouveau. Joëlle ne m'avait jamais parlé de la façon qu'a David de me regarder.

— Oui ! Tu n'avais pas remarqué ?

— Euh... non.

— Ouvre-toi les yeux, bon sang, fais quelque chose ! Max, ce gars-là te veut !

Nous éclatons de rire. Joëlle a de ces manières d'exprimer les choses... David « me veut » !

— Non mais, sérieusement, sortirais-tu avec lui s'il finissait par se déniaiser ?

Elle doit m'avoir posé cette question au moins trois cent cinquante fois depuis que David se trouve dans notre classe, soit environ trois ans. Chaque fois, je lui donne la même réponse, mais on dirait qu'elle l'oublie toujours.

— Ça n'arrivera pas, Joëlle. David ne

s'intéresse pas à moi en dehors du cours de maths. Point à la ligne.

— Mais...

— Pas de mais. Discussion close.

Elle commence à m'énerver, Joëlle. Elle commence à m'énerver parce qu'elle me met des idées dans la tête, des idées qui sont loin d'être désagréables même si j'essaie de me convaincre du contraire. Moi, je ne veux pas me faire d'idées. Les faux espoirs, non merci, ça ne m'intéresse pas.

Pourtant, j'avoue que David a de beaux yeux...

▲ ▲ ▲

Assise devant mon bol de céréales, je contemple rêveusement la mer. La nuit a été désespérément courte. Raison : Joëlle. Prétexte : Martin, dont elle m'a parlé jusqu'à deux heures et demie (elle a du souffle, celle-là, quand il s'agit des gars !). Conséquence : je dois être belle à voir, les yeux à moitié ouverts et les cheveux défaits. Frédéric et Martin ne se sont d'ailleurs pas gênés pour me le faire savoir. Ils pouvaient bien rire, ils m'ont réveillée à sept heures avec tout leur vacarme : ils ont allumé un feu dans le poêle à bois, sorti la vaisselle pour déjeuner (Frédéric a même échappé un verre) et, bien sûr, ils ont placoté, le tout sans se préoccuper de Joëlle ni de moi. Ah ! que les gars font du bruit ! Pas moyen de se reposer quand il y en a qui traînent aux alentours !

— Tes céréales vont être molles.

— Hmm ?

— J'ai dit : « Tes céréales vont être molles. » Ça fait dix minutes que tu regardes dehors.

— Ah. C'est pas grave. Y fait beau hein ? C'est... lumineux, tu ne trouves pas ?

Joëlle ne répond pas. Elle jette un coup d'œil au paysage puis acquiesce silencieusement, d'un signe de tête. Je lui demande où se trouve son frère. Cela m'intrigue que Martin et lui se soient levés si tôt, un dimanche matin en plus... Je n'ose pas prononcer le nom de Martin, elle pourrait répéter tout ce qu'elle a dit hier. J'aime bien l'écouter, mais il y a des limites.

— Ils ont un exposé à présenter en français et ils font un vidéo sur la mer ou les goélands ou quelque chose du genre.

— Ah bon.

Je retombe dans mon silence.

— Max, si tu veux aller te promener, tu peux. Avec ton baladeur, pour danser sur la plage... Avoue que tu y penses depuis une demi-heure !

— Oui, mais la vaisselle...

— Laisse donc faire, on s'en occupera plus tard. Ça ne presse pas. Vas-y, profites-en pendant qu'il fait beau ! Qu'est-ce que tu attends ? Que je te jette dehors ?

Une sorte de fièvre m'envahit. Oui, je l'avoue, j'ai des fourmis dans les jambes. Le soleil, la mer, la plage m'appellent. Difficile de résister à ce temps magnifique, exceptionnel pour une fin de septembre... Je me lève de ma chaise, abandonnant mes céréales à leur pauvre sort de noyées.

— Bon, d'accord, j'y vais. Merci, Jo.

— Tiens, prends mon chandail.

— Et je vais sortir en pyjama ?

— Pourquoi pas ? Personne ne va te voir.

Elle a raison, pourquoi pas ? Tant qu'à faire la folle... Je sors donc en pyjama, les écouteurs sur les oreilles, le chandail de laine sur les épaules, et je cours jusqu'à la plage.

CHAPITRE 2

Je regarde David du coin de l'œil, en espérant que ça ne paraisse pas trop. Il est déjà assez énervé, si en plus il fallait qu'il s'aperçoive que je guette ses moindres gestes, il en ferait bien une crise cardiaque. Pauvre David ! Comme promis, en revenant du chalet, je l'ai aidé dans ses maths. Il n'a pas trouvé l'examen facile pour autant. Et là, il pense qu'il va m'avoir avec son air de gars qui ne veut rien savoir et son maintien nonchalant. Il pense que je ne sais pas qu'au fond il a peur de recevoir sa note. Il pense que je ne devinerai jamais qu'il a le cœur qui pompe à cent kilomètres à l'heure. Comme si je n'avais pas appris à le connaître en trois ans.

Le prof, en avant de la classe, distribue les copies. J'ai reçu la mienne et elle repose tranquillement sur mon pupitre.

Ma note à moi ne m'inquiétait pas trop; c'est celle de David qui m'effraie un peu. Il s'attend vraiment à avoir un échec.

— David Lessard!

Enfin! David se lève, toujours aussi calme, mais il marche tout de même un peu plus vite que d'habitude pour traverser le local. Bon, il l'a, sa copie. Ses yeux s'agrandissent. Joie? Déception? Je ne sais pas trop. Et voilà qu'il lance un tonitruant: « Dieu existe! » qui fait rire tout le monde. Il se jette presque devant moi, sa note inscrite en rouge à la hauteur de mes yeux.

Soixante pile.

▲ ▲ ▲

Quelques heures plus tard, dans la chambre de Joëlle, j'annonce la bonne nouvelle à mon amie.

— Sais-tu quoi? David a passé son examen.

— Normal, tu l'as aidé.

— Sais-tu comment il m'a remerciée?

Joëlle a la bouche ouverte toute grande. Si une mouche passait, elle l'avalerait sûrement.

— Il s'est enfin décidé à faire quelque chose?

— Ouais, façon de parler... Il m'a confié

qu'il a une blonde, depuis vendredi soir.

On dirait que je viens de lui apprendre que sa maison a été entièrement détruite par le feu. Pour un peu, elle se mettrait à brailler, je crois.

— Voyons, Joëlle, ce n'est pas la fin du monde...

— Je vous aurais tellement bien vus ensemble !

— Je sais, tu me le radotes depuis trois ans et moi, je me tue à te dire que ça n'arrivera jamais ! Vas-tu finir par te le rentrer dans la tête ?

— Tu commences à perdre patience, Max, c'est mauvais signe. Je sais ce que ça signifie, pas besoin de me le cacher.

Je lui demande de s'exprimer clairement. Je ne comprends rien à ce qu'elle raconte.

— Tu n'acceptes pas que David ait une blonde, même si tu n'oseras jamais l'avouer.

Elle a raison. Pas moyen de cacher mes sentiments à cette fille-là. Elle les devine même avant moi ! Je me laisse tomber sur son lit en échappant un soupir.

— Non, Joëlle, je ne l'accepte pas, et ça me dérange. Plus que je voudrais même. Je n'ai pourtant jamais cru à tes histoires... mais...

— Mais quoi ?

Elle a l'air hypnotisée tellement ce que je raconte l'intéresse. Accrochée à mon bras, elle attend que j'ouvre la bouche comme si j'allais lui sortir la nouvelle du siècle.

— Eh bien, après le cours, quand on est sortis du local, David m'a parlé d'un film qui vient d'arriver. Il dit que ç'a l'air super bon. Alors, je lui ai demandé s'il voulait qu'on aille le voir ensemble un bon soir et...

— T'as fait le premier pas ? Je n'aurais jamais pensé que tu oserais ! Et qu'est-ce qu'il t'a répondu ?

— Il n'a rien dit au début, il m'a juste regardée avec de grands yeux. Finalement, il a répondu que sa blonde n'aimerait probablement pas qu'il aille au cinéma avec une autre fille.

— Et comment t'as réagi ?

— Laisse-moi le temps, j'allais justement te le dire ! Bon, pour sauver la face, évidemment, j'ai fait comme si ça ne me dérangeait pas, j'ai dit que j'irais avec toi...

— Tu parles d'une consolation !

— ... et je lui ai demandé si c'était nouveau. Il a répondu : « Depuis vendredi. » Le pire dans tout ça, c'est qu'il semblait déçu de dire non. Il a vraiment hésité avant de répondre, comme s'il cherchait une solution pour pouvoir accepter quand même.

Silence. Mon amie me regarde d'un air

désolé.

— Dans le fond, Joëlle, tu avais peut-être raison... Je commence à croire qu'il s'intéressait vraiment à moi...

Elle laisse passer quelques secondes puis lance :

— Ça n'aura pas donné grand-chose d'avoir raison.

— Imagine, si j'avais pu me dégêner une semaine plus tôt, juste une semaine !

— Écoute, Max, même si on se morfond pendant des heures, on ne pourra rien y changer. Qu'est-ce que tu dirais si on allait regarder un peu de télé à la place ?

— Ça ne me tente pas.

— Je sais, je comprends. Je réagis de la même manière, je n'ai jamais envie de rien quand j'ai une peine d'amour.

— Je n'ai pas vraiment une peine d'amour et puis, toi, tu as l'habitude.

Joëlle s'approche, me serre contre elle. Je ne pensais pas que les bras d'une amie pouvaient faire autant de bien.

— Maxine, on ne s'habitue JAMAIS à ces choses-là. Viens-t'en.

Elle me tire par la main et m'entraîne au salon. Nous restons assises, l'une près de l'autre, sans bouger, sans parler. Je crois que ce qu'il y a de plus beau dans l'amitié, c'est qu'on peut passer plusieurs minutes plongé dans le silence sans se sentir mal à l'aise, sans chercher des paroles qui ne veulent rien dire. Finalement, je pousse un gros soupir.

— Une chance que tu es là, Jo.

— Mais oui, mais oui. Bon, pour te changer les idées, veux-tu qu'on regarde le vidéo de Frédéric et de Martin ?

J'ai les idées trop à l'envers pour comprendre de quel vidéo il s'agit.

— Réveille, Max ! Le vidéo qu'ils ont fait au chalet pour leur cours de français...

— Ah, ça... O.K.

Je m'en fous, de toute façon, de ce qu'on va regarder. Cela me surprend d'avoir le cœur aussi chaviré juste parce que David a une blonde. Normal, pourtant, qu'il sorte avec une fille !

Joëlle me crie depuis la chambre de Frédéric.

— Tu vas voir, ce n'est pas si mal. Ils ont même réussi à filmer une baleine. Et attends de voir les goélands ! Il y a aussi...

Elle n'arrête pas de parler, comme si elle voulait m'empêcher de penser. Elle ne me connaît pas encore tout à fait, on dirait. La voici qui revient avec la cassette dans la main.

— Bon, je crois que c'est celle-là. Je me demande ce qui lui a pris de la mettre si loin... Il a fallu que je fouille un bout de temps avant de la trouver dans un de ses tiroirs.

— Hein ? Tu as fouillé dans ses tiroirs ?

— Bof, pour ce qu'il a à cacher, celui-là... Maintenant, allons-y.

L'image apparaît sur l'écran. En fait d'animaux marins, disons qu'on a déjà vu mieux. Joëlle et moi restons littéralement pétrifiées devant le téléviseur.

Ce qu'on voit sur l'écran, c'est moi.

Je porte mon pyjama et on distingue clairement mon baladeur dans ma main. Le chandail de Joëlle noué autour du cou, je danse. Curieusement, cela ne me met pas mal à l'aise de me voir danser ainsi devant la caméra. C'est fou, habituellement, j'ai plutôt l'air d'un pingouin qui se dandine mais là... là, je me trouve presque belle. Les bras en croix, la tête renversée vers l'arrière, je tourne sur moi-même, et toute cette lumière du matin, avec la mer, le sable et le ciel, c'est... féerique.

Je n'en reviens pas. Je pense bien que je resterais des heures à fixer l'image sans rien dire si Joëlle n'avait pas la brillante idée d'émettre un commentaire génial :

— Max, c'est toi !

— Je sais que c'est moi, quand même.

— Mais pourquoi Frédéric...

Ledit Frédéric apparaît justement dans le salon, un verre de jus d'orange à la main et Martin derrière lui. Il me salue puis jette un coup d'œil au téléviseur. Oups ! Il aurait mieux valu pour Joëlle et moi qu'il regarde ailleurs. Il n'a pas l'air de bonne humeur, le grand frère. J'imagine que le vidéo ne nous était pas destiné...

Frédéric traverse le salon en trois enjambées (ça lui en prend cinq d'habitude) et arrache presque la cassette de l'appareil. Il a les jointures blanches à force de la serrer et nous regarde comme si nous venions de commettre le pire crime qui puisse exister. Martin, lui, demeure figé sur le seuil de la pièce. Frédéric demande, d'une voix un peu trop calme à mon goût :

— Je peux savoir ce que vous faites avec ma cassette ?

Joëlle répond avec un grand sourire moqueur :

— Et nous, on peut savoir pourquoi tu l'as filmée ?

Frédéric rougit. Il faut admettre que cela ne lui va pas mal du tout.

— Joëlle Gamache, ne me provoque pas !

Elle rit, mais moi, à sa place, je crois que je prendrais mes cliques et mes claques et que je me sauverais sans demander mon reste. Frédéric semble avoir une envie folle de lui donner la raclée de sa vie. Elle n'améliore pas les choses en ajoutant qu'à le voir agir, on pourrait se faire des idées. Son commentaire à double sens met Frédéric hors de lui.

— Quelles idées, veux-tu me dire ?

— Écoute, tu filmes Maxine, tu caches le vidéo…

— Parlons-en ! T'as fouillé dans mes affaires, maudite curieuse !

Ça s'envenime, ça s'envenime… Martin me jette un coup d'œil. S'ils continuent, il va falloir intervenir. Joëlle enchaîne, l'air de rien :

— … et après, tu rougis comme un homard bouilli et tu t'enrages quand on le découvre. Aurais-tu des choses à cacher, frère de mon cœur ?

Il va lui sauter dessus, mon Dieu, il va lui sauter dessus d'une seconde à l'autre et ce ne sera pas beau à voir. Heureusement, Martin s'interpose.

— Fred, calme-toi, respire par le nez. Toi, Joëlle, arrête de le niaiser, il n'a rien fait de mal.

C'est vrai, il n'a rien fait de mal, et Joëlle fabule, comme d'habitude.

Elle a d'ailleurs fermé la bouche et perdu son sourire en un temps record. Son Martin bien-aimé vient de la rabrouer, et devant Frédéric en plus ! Je sens qu'une crise s'en vient… En effet, elle sort du salon et monte à sa chambre la tête haute, calmement, mais avec des éclairs dans les yeux.

— Je vais aller lui parler.

— Maxine ?

— Quoi ?

Frédéric aussi s'est calmé, tellement calmé qu'il n'ose plus me regarder en face. Martin doit avoir des pouvoirs apaisants.

— Max, tu comprends que ça ne veut rien dire, hein ?

— Évidemment, Frédéric, ne t'inquiète pas pour ça. Je ne suis pas Joëlle, je n'irai pas m'inventer n'importe quoi, moi.

— C'est juste... Tu sais... Le soleil, la mer, et toi en pyjama... C'était original, c'était...

— Ça va, Frédéric, ça va, j'ai compris. Arrête de te casser la tête, c'est déjà oublié.

Ah oui ? Oublié ? Je me le rappellerai toute ma vie, j'en mettrais ma tête à couper. Je les quitte pour aller rejoindre mon amie et essayer de la raisonner. Il va bien falloir la convaincre que même si Martin lui a parlé un peu fort, elle n'est pas sur sa liste noire pour autant... Elle doit déjà s'imaginer qu'il va vouloir la scalper la prochaine fois qu'il la croisera sur son chemin !

Comme je m'y attendais, je trouve Joëlle affalée sur son lit, les bras croisés et l'air boudeur.

— Tu l'as entendu, Max ? Non, mais tu l'as entendu ?

Je croyais découvrir une Joëlle en pleine crise de désespoir, pire ! elle est en colère.

— Il se prend pour qui ? Il pense qu'il va me dire quoi faire ! Il pense qu'il peut me donner des ordres ! Il s'imagine que je suis son chien ou quoi ? Te rends-tu compte qu'il m'a carrément traitée d'imbécile ?

— Minute, je pense que tu exagères un peu. Il a dit que tu racontais des niaiseries, c'est vrai, mais ce n'était pas pour t'insulter. Et il ne voulait pas du tout insinuer que tu es une imbécile.

— Quasiment ! À la manière qu'il avait de me regarder de haut...

— Excuse-moi, mais là, tu charries vraiment.

— Vas-y, défends-le donc !

Cette fois, ça y est : je perds patience et je me mets à crier aussi fort qu'elle.

— Joëlle, j'essaie juste de te faire voir la vérité en face ! Penses-tu que si Martin avait parlé doucement, vous vous seriez calmés ? Non ! Vous ne lui avez pas laissé le choix ! Frédéric et toi, avec vos têtes de mule, vous ne comprenez rien si on vous parle comme à des gens civilisés ! Et tu peux te compter chanceuse parce que si Martin n'avait pas réagi, ton frère ne se serait pas gêné pour t'envoyer une claque dont tu te souviendrais ! Alors arrête ta petite crise, Joëlle Gamache, parce que je te garantis que moi, je pourrais t'en faire une pas mal plus épeurante ! Laisse-moi te dire autre chose : tu montes pas mal vite sur tes grands chevaux, et je comprends Frédéric de s'être énervé parce qu'avec toi, on ne sait jamais quelle histoire va sortir !

Ouf ! j'en avais à dire ! Je me sens soulagée, comme si je venais de me débarrasser d'un coup de tout ce qui me pèse sur le cœur depuis trois ans, depuis que je connais Joëlle. Je me surprends moi-même. Mon amie me regarde d'un air incrédule. Ce n'est pas dans mes habitudes de jouer au volcan. Mais elle se reprend vite, Joëlle. Cinq secondes plus tard, elle se retrouve devant moi avec ses yeux de tempête et me lance au visage :

— C'est ça, mettez-vous donc tous contre moi, gang de salauds !

— Si tu commences à me crier des noms, je préfère m'en aller !

— C'est ça, va-t'en ! Je ne te retiendrai pas !

Je tourne rageusement la poignée. Martin et Frédéric sont pris de court et ont à peine le temps de retrouver leur équilibre pour ne pas s'écraser face contre terre. Ils nous écoutaient à la porte, les voyous ! Nous, on bouillonne trop pour penser à les engueuler.

— Ôtez-vous de là, les gars !

Joëlle et moi avons parlé en même temps, pour dire les mêmes mots, et avec le même ton en plus. Nous nous regardons et, c'est plus fort que nous, nous éclatons de rire.

Martin et Frédéric secouent la tête comme s'ils désespéraient de pouvoir un jour nous comprendre.

▲ ▲ ▲

Le lendemain, tout est revenu à la normale. Calmées, nous avons présenté nos excuses. Joëlle a même admis qu'elle n'aurait pas dû fouiller dans les tiroirs de Frédéric. Elle a expliqué à son frère qu'elle voulait me montrer son mini-film sur la mer. Bon prince, Frédéric lui a pardonné et lui a même prêté le vidéo en question. Nous le regardons, serrés tous les quatre dans le canapé. Frédéric et Martin rayonnent de fierté.

— Franchement, les gars, c'est pas mal.

— Je suis d'accord avec Max, moi aussi je l'ai beaucoup aimé.

— Merci, merci.

Il y a un petit silence, puis Joëlle se tourne vers moi avec un visage tout illuminé, comme si une idée de génie venait de lui traverser l'esprit.

— J'y pense, Max, tu te rappelles notre chorégraphie de l'an dernier ?

— Celle qu'on a présentée au spectacle amateur ?

— Oui.

— Heu, oui, un peu, pourquoi ?

Je me demande où elle veut en venir.

— Ce serait une bonne idée que Frédéric nous filme.

J'en ai envie, c'est sûr. Pour la forme, car je sais qu'il va dire oui, je demande à Frédéric :

— Voudrais-tu ?

— Eh bien, oui, j'imagine, si ça vous tente.

— Ça va prendre cinq minutes, mais on devrait la réviser un peu avant. Tu veux ?

— Oui oui, pas de problème. De toute manière, je n'avais rien à faire. Toi, Martin ?

Joëlle se mord discrètement la lèvre. Elle donnerait n'importe quoi pour qu'il reste, son Martin, et qu'elle puisse l'avoir sous les yeux un peu plus longtemps.

— Je n'ai rien de prévu non plus. Si ça ne vous dérange pas, j'aimerais ça la revoir, votre chorégraphie, je l'avais aimée l'année passée.

Joëlle flotte. Avec un peu d'imagination, je pourrais voir des petits nuages roses autour d'elle. Elle parle avec des fleurs dans la voix :

— Reste, reste, on danse mieux quand on a un public.

— Pour le public que ça donne...

— La qualité compte toujours plus que la quantité.

Ouf ! Venant de Joëlle, cela ressemble presque à une déclaration d'amour ! Elle s'en rend compte et elle le regrette un peu, je crois. Frédéric, lui, ne s'aperçoit de rien. Il annonce qu'il s'en va chercher la caméra et disparaît dans l'escalier. Je me tourne vers mon amie, qui descend lentement de son nuage, et lui demande si elle a la cassette. Elle ouvre de grands yeux surpris.

— Quelle cassette ?

— Mais la cassette avec la chanson !

— Non, je pensais que tu en avais gardé une copie !

— Tu as enregistré par-dessus ?

— Heu... oui...

— Oh non ! J'ai fait pareil !

Nous soupirons toutes les deux. À notre connaissance, personne n'a de copie de cette chanson, et pas de musique, pas de chorégraphie. Martin vient à notre rescousse :

— Chantez-la à la place.

— Es-tu fou ? Jamais de la vie !

Le « Es-tu fou ? » de Joëlle n'a pas

démonté Martin. Il réplique :

— Non, je ne trouve pas l'idée si niaiseuse... Quitte à fausser un peu, vous auriez au moins le souvenir ! C'est ça qui compte, non ?

Joëlle rechigne un peu, gênée de chanter devant Martin.

— Voyons, Joëlle, ça fait cinq ans que tu prends des cours de piano, tu n'es quand même pas si terrible ! Tu pratiques ton solfège presque tous les jours !

— Ça n'a rien à voir, Max.

— Oh ! arrête-moi tes complexes et lève-toi, on va se réchauffer un peu avant de commencer.

Joëlle a la tête dure, mais quand on sait comment la prendre, elle devient douce comme un agneau. Il n'aurait servi à rien d'essayer de la convaincre ou de la raisonner, mais en lui disant carrément que je ne crois pas un mot de ce qu'elle raconte, je l'ai dans ma poche ou presque. Je dis presque, parce que personne ne pourra jamais avoir Joëlle dans sa poche. Frédéric revient.

— Je suis prêt, les filles !

— Pas nous. On a un problème.

— Ça prend juste toi pour trouver un problème dans des situations simples de même, ma sœur.

— Toi, ne commence pas !

Frédéric hausse les épaules, se laisse tomber dans le divan. Martin, lui, n'a pas bougé de son fauteuil. Plantée au milieu du salon avec Joëlle, je me sens drôlement observée. Pour me donner une certaine contenance, je me racle la gorge avant de demander :

— Heu, Joëlle, on la chante une fois avant d'enregistrer ?

— La chanter ?

— C'est ça, notre problème, frère de mon cœur. Martin, explique-lui donc ce qui se passe pendant qu'on s'occupe des choses sérieuses, nous autres.

Sur ce, Joëlle tire la langue à son frère et, sans attendre sa réaction, commence à chanter.

Martin a à peine dit trois mots à Frédéric qu'il s'arrête et fixe Joëlle comme s'il venait de découvrir qu'elle existe. C'est vrai qu'elle chante bien, Joëlle, mais je n'ai jamais vu un gars tomber en pareille admiration devant une fille, et surtout pas pour sa voix. Cela me paralyse complètement et j'oublie de l'accompagner. Elle rougit un peu. Frédéric a envie de rire. Il me fait un clin d'œil. M'est avis qu'elle va finir par l'avoir, son Martin...

Sa dernière note éteinte, Joëlle me lance un regard meurtrier. Pas pour longtemps, cependant, car la voix de Martin vient monopoliser son attention.

— C'était ça, votre chanson ? Je ne m'en souvenais pas... Écoutez, les filles, j'ai une idée. Je la connais, cette musique-là. Je la joue à la guitare. Si ça ne vous dérange pas d'attendre une journée de plus, vous pourriez avoir votre cassette...

Et Martin, tout feu tout flamme, nous expose son plan : demain, après l'école, nous nous rejoindrons chez lui. Il dit qu'il a ses amplificateurs, des micros et sa guitare dans le sous-sol. Nous enregistrerons la chanson puis Frédéric nous filmera. Moi, je trouve l'idée géniale. Frédéric est d'accord. Inutile de préciser que nous n'avons pas besoin de lui tordre le bras pour que Joëlle accepte l'invitation !

CHAPITRE 3

En descendant au sous-sol chez Martin, j'ai l'impression de pénétrer dans un sanctuaire. Un sanctuaire de musique, bien entendu. Il a tellement tout, Martin, et il a tellement bien organisé son équipement que je ne peux pas m'empêcher de m'exclamer :

— Ton sous-sol, c'est un vrai studio !

Il a du mal à cacher sa fierté. Il se trouve vraiment dans son domaine ici. Joëlle l'admire de tous ses yeux et il ne s'en plaint pas. Au contraire, on dirait qu'il l'apprécie...

— Voici les micros, les filles, on va pratiquer deux ou trois fois avant d'enregistrer.

Frédéric, se sentant un peu rejeté, lance :

— Et moi, qu'est-ce que je fais ?

— Veux-tu prendre ma basse ? Tu ne devrais pas avoir trop de mal à suivre...

Je vole de surprise en surprise.

— Tu joues de la basse, Frédéric ?

— Bof, un peu...

Martin prend sa guitare, Frédéric sa basse, et après une demi-heure, tout est terminé. C'est extraordinaire la... chimie qu'il y a entre nous quatre. Pas besoin de tout expliquer en long et en large quand on a quelque chose à faire savoir, on comprend tout de suite, on s'ajuste aux autres et tout se passe comme sur des roulettes. Comme par magie.

On dirait que je suis la seule à voir le côté poétique de la chose. Martin, Joëlle et Frédéric n'ont même pas pris une seconde pour s'extasier sur notre efficacité. Eux, c'est le produit fini qui les intéresse. D'ailleurs, ça fait trois fois qu'ils font jouer notre enregistrement. Joëlle a du mal à se retenir de sauter de joie.

— Hé, c'est tripant, on dirait une vraie cassette de professionnels ! Je n'en reviens pas, je n'aurais jamais pensé que je pourrais faire ça un jour ! Tu vas m'en donner une copie, hein, Martin ?

— Certain, et à Fred et Maxine aussi s'ils en veulent une.

Martin a l'air un peu... ailleurs. Il pense à autre chose. Ça fait même un bon bout de temps que son esprit vagabonde, je crois. Joëlle et Frédéric, absorbés par la chanson, ne le remarquent pas. Trop curieuse pour ne pas m'en mêler, je demande :

— À quoi tu penses, Martin ?

Évidemment, il répond « À rien ». On donne toujours cette réponse-là quand quelqu'un nous demande à quoi on pense...

— Voyons donc, ça fait dix minutes que tu regardes dans le vide, tu dois bien avoir une idée qui te trotte dans la tête !

— Ouais, sauf que... je ne sais pas si je devrais en parler.

— Ah. Ne te sens pas obligé...

— Bof, je pense que je vais vous le dire.

Joëlle et Frédéric sortent de leur bulle respective pour écouter Martin.

— Voilà : j'ai écrit une chanson...

— Hein !

— Sans blague !

— ... et j'aimerais ça qu'on la chante au spectacle amateur, nous quatre. Le groupe avec qui je jouais l'année passée ne veut plus rien savoir, alors... De toute façon, vous êtes meilleurs qu'eux autres. Joëlle, tu chantes cent fois mieux que l'autre fille ; Maxine aussi. Je n'ai jamais voulu jouer ma chanson avec ce groupe-là, je les trouvais trop poches. En plus, disons qu'il y avait certaines... difficultés. On ne s'entendait pas très bien...

Nous sommes tous les trois suspendus à

ses lèvres. Surtout Joëlle, qui dévore Martin des yeux. Frédéric montre un peu moins de surprise que nous deux, mais il a quand même l'air intéressé. J'imagine qu'il connaissait l'histoire des « difficultés » et de la chanson « secrète »...

— Nous quatre, on s'entendrait bien, j'en suis sûr. Alors ? Qu'est-ce que vous en pensez ?

Qu'est-ce que nous en pensons ? Fallait-il vraiment qu'il le demande ? Sa question déclenche un raz-de-marée de paroles que personne ne comprend puisque tout le monde parle en même temps. Nous finissons par aboutir, évidemment, à un « Oui ! » unanime et enthousiaste. Une certaine fébrilité nous gagne peu à peu. Je me sens tout énervée.

— Je vais vous la jouer tout de suite. À moins que vous ayez autre chose à faire ?

Bizarre ! il pose la question à tout le monde, mais il regarde exclusivement Joëlle. Elle s'empresse de secouer la tête.

— Non non, j'ai... on n'a rien d'autre à faire, vas-y. On t'écoute.

— Bon, O.K. Ah oui, j'oubliais... Il y a un petit problème : je n'ai pas écrit les paroles.

Oups ! Petit problème mon œil ! Une chanson sans paroles, qui pourrait appeler ça une chanson ? On va devoir se creuser la tête pour les trouver, ces paroles, sinon on n'ira jamais loin avec la musique de Martin.

Aussitôt que notre guitariste a fini de jouer, Joëlle se met à crier au génie.

— Hein ! Super ! Martin, capotant, tu es extraordinaire, le meilleur, numéro un, vraiment, je n'ai jamais entendu quelque chose d'aussi bon...

Frédéric et moi, nous attendons en silence que Joëlle ait épuisé son vocabulaire de superlatifs et de « Je n'en reviens pas, je n'ai jamais vu ça » et le reste. Je ne sais pas pourquoi Frédéric ne dit rien, mais moi, l'histoire des paroles pas écrites me pèse drôlement sur le cœur, sans que je sache exactement pourquoi.

— Ça va, on a compris, Joëlle. As-tu fini ?

— Calme-toi, Frédéric ! Tu ne serais pas un peu jaloux par hasard ?

— Jaloux ! Franchement ! Ça fait depuis que je connais Martin que je sais qu'il est super bon, si tu penses que je vais commencer à être jaloux...

Bon, les voilà repartis pour une autre chicane fraternelle. Je n'ai pas envie de les endurer, alors je détourne la conversation en demandant à Frédéric s'il n'a pas quelque chose à dire. Il me jette un regard suspicieux. Il n'aime pas qu'on se mêle de ses disputes, le grand frère. Il me répond quand même :

— Oui. J'aurais un commentaire à faire.

— Vas-y, Fred, je t'écoute. Comment as-tu trouvé ma musique ?

— Plutôt bonne, mais c'est trop court. Et pas assez travaillé. Et il faudrait plus de rythme. Et plus d'instruments, évidemment. Et...

Il s'emballe, Frédéric, il s'emballe ! Et le visage de Martin s'allonge, s'allonge, s'allonge... Bientôt, le menton va lui traîner à terre. Susceptibilité d'artiste... Il s'approche dangereusement de Frédéric, lui lance un regard plein d'éclairs.

— T'es donc bien exigeant ! Tu essaieras d'en écrire, toi, de la musique !

Frédéric a un petit sourire ironique. On peut dire qu'il aime jouer avec le feu. Si Martin se décide...

— Je ne peux pas, je ne suis pas assez bon.

— Ah non ? Peut-être que moi non plus, à bien y penser ! J'ai travaillé comme un fou pour écrire cette pièce-là et tu ne la trouves pas digne de vous autres !

Martin a toute une voix quand il s'y met. J'espère qu'on n'aura pas droit à une démonstration de ses talents de boxeur en plus. Ses poings me semblent drôlement serrés et son visage, un peu trop rouge... Joëlle vole au secours de son frère.

— Il voulait seulement dire qu'il faudrait l'améliorer un peu. C'est ça, hein, Frédéric ?

— Non. Ce que je disais...

Je lui applique un discret coup de pied sur la cheville. Il grimace et continue :

— En fait, oui, c'est ça que je voulais dire. Si on se met à quatre, on va sûrement réussir quelque chose de super.

Il m'envoie un regard noir, que j'ignore en lui dédiant mon plus beau sourire.

▲ ▲ ▲

Dès que nous sommes sortis de la maison, Frédéric explose.

— Non mais qu'est-ce que vous faites de la liberté d'expression ?

— Liberté d'expression, liberté d'expression, as-tu vu la face de Martin ? Il voulait t'assommer, Frédéric. Tu dormais ou quoi ? Tu n'as pas vu sa réaction ?

— Oui, je l'ai vue, mais il ne m'aurait pas touché.

À voir ma grimace, il comprend qu'il ne m'a pas convaincue.

— Franchement, Max, penses-tu que tu connais Martin mieux que moi ?

— Non, mais je sais reconnaître un gars en colère quand j'en vois un.

Frédéric lève les yeux au ciel mais ne dit rien.

— Ne te fâche pas, Frédéric. J'essayais seulement de vous calmer, Martin et toi.

— Tu n'avais pas besoin d'intervenir, on est quand même capables de régler nos problèmes tout seuls !

— Bon, admettons que je n'aurais pas eu besoin d'intervenir, admettons. Si c'est juste ça qui te met en boule, je m'excuse. Voilà une première chose de réglée. Deuxièmement, la musique de Martin, moi, je la trouve très bonne. Si on la travaille, tu vas finir par l'aimer toi aussi. Ça te va comme programme ?

— D'accord, d'accord, peut-être que tu as raison.

Enfin, l'orage est passé ! Il ne fait pas les choses à moitié, Frédéric, quand il s'emporte...

— Et toi, Joëlle, qu'est-ce que tu en penses ?

Joëlle n'a pas dit un mot depuis que nous avons quitté Martin. Elle marche tranquillement, en regardant par terre. Elle nous suit, physiquement du moins, mais elle n'a pas l'air d'avoir conscience de ce qui se passe autour d'elle. Elle n'a même pas levé la tête quand Frédéric et moi avons haussé la voix.

— Joëlle ! Sors de la lune !

— Hmm ? Quoi ?

— Tu n'as rien entendu de ce qu'on a dit, hein ?

— Heu, non, pas vraiment...

Frédéric me donne un coup de coude.

— C'est peut-être les beaux yeux de Martin qui lui font cet effet-là ?

Il pense qu'il plaisante et, pourtant, il n'a jamais si bien dit. S'il se doutait, le pauvre, qu'il a tout à fait raison, je ne sais pas comment il réagirait. Je ne crois pas que ça ferait tellement son affaire. Martin m'a l'air d'un passionné, alors, si Joëlle entre dans sa vie, j'ai l'impression qu'il ne restera plus tellement de temps pour Frédéric. Déjà que la chanson va nous occuper pas mal...

— Ça paraît que tu es mon frère. Toi aussi, tu t'inventes des histoires.

Frédéric rit. Heureusement qu'il n'est pas rancunier, avec son tempérament bouillant ! Joëlle me demande d'aller souper chez elle. Il y a une sorte d'urgence dans sa voix, une prière aussi, tellement que je me sens presque obligée d'accepter. Elle veut me parler de quelque chose, c'est certain. Ou plutôt de quelqu'un !

Le souper me semble interminable. Joëlle n'arrête pas de se tortiller sur sa chaise et mange comme s'il s'agissait de son dernier repas. Elle avale tout tellement vite que je crains pour son estomac. Quelques minutes après avoir débarrassé la table, Frédéric annonce que Martin s'en vient pour pratiquer la chanson avec lui. Joëlle vire au rouge framboise et m'entraîne dans sa chambre.

— Il va me rendre folle, Max, il va me rendre folle ! Je n'ai jamais vu un gars aussi beau !

— Fais quelque chose, parle-lui, invite-le au cinéma, je ne sais pas moi...

— Et s'il dit non ?

— Tu n'en mourras pas !

— Non, mais je vais me sentir tellement mal que je ne pourrai plus jamais le regarder en face. Et je ne serai pas parlable pendant deux semaines.

C'est vrai que Joëlle, dans ces cas-là, met un temps fou à se remettre de ses émotions.

— Qu'est-ce que je vais faire, Max, qu'est-ce que je vais faire ?

— Tu sais bien que tu ne devrais pas me poser ces questions-là, à moi !

— Je sais, mais là, je suis vraiment désespérée.

Elle soupire, les yeux dans la brume.

— J'ai soif, Joëlle, est-ce que je pourrais...

— Je vais aller te chercher un verre d'eau.

— Non non, ne te dérange pas, je

m'en occupe. Veux-tu quelque chose ?

— Tu le sais ce que je veux, Max.

— Désolée, mais lui, je ne peux pas te le donner.

Je n'ai pas si soif que ça. C'était surtout un prétexte pour sortir de la chambre de Joëlle, pour me permettre de réfléchir tranquillement à une solution. Je ne peux pas laisser mon amie ainsi, elle va carrément dépérir !

Je passe devant la chambre de Frédéric en me rendant à la cuisine. La porte est entrebâillée et j'entends très clairement quelques notes de guitare et, surtout, deux voix de gars qui semblent discuter très sérieusement. Avec un vague sentiment de culpabilité, je me colle au mur, à côté de la porte, de façon que Frédéric et Martin ne puissent pas me voir.

— Elle est vraiment belle, Fred, ça me surprend que tu n'aies jamais remarqué.

— Ma sœur, belle ?

J'ai le cœur qui bat très fort, tout à coup. J'ai l'impression de vivre les émotions de Joëlle à sa place.

— Oui, elle est belle, et elle a un beau sourire, et une jolie voix, et puis, elle...

— Elle t'intéresse, oui, tu la trouves pas mal de ton goût... Je sais, tu me l'as assez répété !

Frédéric semble amusé. Seulement

amusé. Aucune trace de jalousie dans sa voix. Surprise, je tends l'oreille encore plus attentivement.

— Heu, oui. Sauf que je n'ai aucune idée de ce qu'elle pense de moi. J'ai tendance à être un peu sauvage, je ne parle pas beaucoup, elle croit peut-être que je ne l'aime pas...

— Fais quelque chose ! Invite-la au cinéma, je ne sais pas moi...

— Si elle dit non ?

— Tu n'en mourras pas !

Je retiens mon envie de rire. Il me semble avoir déjà entendu cette conversation quelque part...

— Martin, ça fait trois semaines que tu me casses les oreilles à propos de Joëlle, je commence à être un peu tanné. Au lieu de te lamenter et de te poser des questions, va la voir ! Au pire, elle te dira qu'elle n'est pas intéressée et tu sauras à quoi t'en tenir !

— Oui, mais le problème ne s'arrête pas là. Les filles, Fred, elles n'oublient pas vite. Et elles racontent tout à tout le monde. Si je fais un fou de moi, toute l'école va le savoir en un temps record.

— Voyons ! Donne-lui au moins une chance !

— Non, pas encore. Je vais attendre un peu, je pense.

J'en connais une qui ne voudra plus attendre très longtemps ! Un petit coup de main ne ferait pas de mal, il me semble. Vite, je cherche une idée. Comment pourrais-je attirer Frédéric hors de sa chambre ? Il faut que je lui parle de sa sœur. Je cogne à la porte.

— Entrez !

Ils jouent maintenant de leurs instruments à qui mieux mieux pour se donner l'air de deux gars très occupés. S'ils savaient que j'ai tout entendu...

— Frédéric, Joëlle a mal à la tête, elle voudrait des aspirines. Pourrais-tu me montrer où elles sont ?

— Dans la pharmacie de la salle de bain, sur la deuxième tablette.

C'est brillant ! Vraiment brillant ! Merci beaucoup, Frédéric. Je lui ai demandé de venir me montrer, pas de m'expliquer où les trouver ! Je répète ma demande. Il répond la même chose. Je commence à m'énerver.

— Pourrais-tu venir avec moi, s'il te plaît ?

Il me regarde d'un air exaspéré mais finit par se lever. Pas trop tôt ! Je le suis dans le couloir, le cœur battant comme un tambour. Une fois certaine que Martin ne nous entendra pas, je murmure :

— Tu es vraiment bouché, des fois.

— Quoi ?

— J'ai dit que tu es bouché. Je ne veux rien savoir de tes aspirines, j'avais juste besoin d'un prétexte pour te parler.

— Me parler ? De quoi ?

Oups ! Je n'avais pas pensé qu'il faudrait que je me dénonce. Tant pis. Maintenant, je ne peux plus reculer.

— J'ai entendu votre conversation à propos de Joëlle...

— Tu nous espionnais ?

— Premièrement, tu oublies que vous ne vous êtes pas gênés, l'autre jour, pour écouter à la porte de Joëlle. Deuxièmement, espionner, c'est un grand mot, disons que j'ai surpris une partie de la discussion.

— Si tu répètes un seul mot à Joëlle...

— Je ne lui répéterai rien, je vais faire mieux que ça. Et tu vas m'aider. Joëlle m'a raconté à peu près exactement ce que Martin t'a dit à toi. Ils ont tous les deux le même problème : ils ont peur de ce que l'autre pense et ça les paralyse.

— Ah oui ? Joëlle a un œil sur Martin ?

— Même deux. Alors ? Ça te tente de leur donner un coup de main ?

Frédéric me sourit d'un air complice. Il s'amuse beaucoup, d'après ce que je peux voir.

— Ça marche ! Et comment on va réussir à les déniaiser ?

— J'ai ma petite idée...

Après avoir exposé mon plan à Frédéric, je retourne à la chambre de Joëlle.

— Jo... J'ai échappé mon verre dans la cuisine, il y a de l'eau partout. Viendrais-tu m'aider à nettoyer, s'il te plaît ?

— Qu'est-ce qui s'est passé ? Ça ne te ressemble pas...

— Frédéric m'a fait sursauter. Et exprès, en plus.

— Ah oui ? Alors c'est lui qui va ramasser. Non mais, hé ! s'il pense que je vais payer pour ses petites folies, lui...

Elle fulmine. Parfait. Tout fonctionne à merveille, exactement comme je l'avais prévu. Évidemment, connaissant le caractère de Joëlle et ses relations avec Frédéric, n'importe qui aurait pu deviner sa réaction... Elle entre dans la chambre de Frédéric en rouspétant. Ce qu'elle ignore, c'est qu'il n'est pas là, son frère. Il n'y a que Martin dans la chambre... Frédéric, il se trouve dans le couloir avec moi. Aussitôt que Joëlle est entrée, il ferme la porte et tient la poignée à deux mains. La voix stridente de Joëlle retentit.

— Hé ! Qu'est-ce qui se passe ici ?

Elle tire sur la porte, sans résultat. Frédéric est bien plus fort qu'elle.

— Il se passe qu'on est tannés de vous entendre vous lamenter chacun de votre bord sans réagir ! On vous enferme ! Maintenant, vous n'avez plus le choix, parlez-vous !

Je vais prêter main-forte à Frédéric. Mes doigts se soudent aux siens sur la poignée. De l'autre côté, Joëlle et Martin nous crient des noms et donnent des coups de poing sur la porte. Puis, peu à peu, ils se calment. Bientôt, nous n'entendons plus que des bruits de voix confus. Frédéric et moi lâchons doucement la poignée et nous nous éloignons sur la pointe des pieds jusqu'au salon.

— Je ne pense pas qu'ils vont sortir de sitôt !

— Non, d'après moi, ta chambre servira de parloir une bonne partie de la soirée.

— Heureusement qu'ils nous ont ! Si on n'avait pas été là, ils ne se seraient jamais décidés !

Nous rions. Frédéric reprend son sérieux le premier.

— J'espère que ça n'affectera pas notre esprit de groupe, pour la chanson.

— Ça pourrait changer quelque chose, d'après toi ?

— Oui. Je gagerais n'importe quoi là-dessus. En bien ou en mal, je ne sais pas...

Le silence qui nous tombe dessus me pèse. Je cherche désespérément quelque chose à dire.

— Qu'est-ce que tu en penses, Frédéric, de ce projet-là ?

Il me regarde et sourit. J'ai l'impression de voir ce sourire pour la première fois.

— Moi, j'embarque. Martin y songe depuis longtemps et j'ai tout essayé pour le convaincre de le réaliser. Je n'ai jamais réussi. Il n'aimait pas assez les autres de son groupe pour leur faire confiance.

— Et les paroles ? Il a l'intention de les écrire quand ? Le spectacle amateur a lieu au mois d'avril. Ça paraît loin, mais ça va venir vite. On n'a pas une éternité devant nous...

— Jamais.

— Quoi ?

— Jamais. Il ne veut pas les écrire, les paroles. Il dit qu'il n'a aucun talent là-dedans. Il veut les faire écrire par quelqu'un d'autre. Toi, Joëlle ou moi.

— Joëlle est nulle en français.

— Je sais. C'est de famille.

Frédéric me regarde d'un drôle d'air. Il ne sourit plus. Si je comprends bien, ils comptent sur moi pour me charger du travail !

— Tu n'as pas l'air très enthousiaste, Maxine.

— Je n'ai jamais fait ça de ma vie ! Je ne sais pas si je vais réussir...

— Mais oui, mais oui, tu vas réussir, ne

t'inquiète pas. Au pire, je pourrai essayer de t'aider. J'ai beau être poche, à deux, ça va toujours mieux.

— Bon, d'accord, on verra bien ce que ça donnera.

— Bravo, Max, je savais que tu dirais oui !

Et moi, je savais que cette histoire de chanson sans paroles finirait par me peser sur les épaules...

CHAPITRE 4

— David, peux-tu me dire ce qui arrive lorsqu'un atome d'hydrogène rencontre un atome d'oxygène ?

— Heu... Ils se disent salut ?

La classe entière éclate de rire, moi y compris, mais moi, je ris un peu jaune. David sait très bien que de l'oxygène et de l'hydrogène, ça donne de l'eau, mais il a encore fallu qu'il aille faire son bouffon ! Il manque de sérieux, ce gars-là, je n'en reviens pas ! S'il réussissait ses examens, je ne trouverais pas ses folies trop graves, mais dans sa situation...

Il laisse la tempête de rires se calmer, attend que le prof porte son attention sur un autre puis se penche vers moi. Il murmure, juste assez fort pour que je l'entende, qu'il croit avoir besoin d'aide. Je ne le contredirai pas là-dessus... Par contre, je dois tout de suite le prévenir que je ne peux pas m'occuper de lui en ce moment.

— Ah ! Max, s'il te plaît, j'en ai vraiment besoin...

Je voudrais bien me retourner pour lui parler face à face, mais cela aurait l'air trop suspect. Déjà que le prof l'a à l'œil en temps ordinaire...

— Et moi, je ne peux vraiment pas. On travaille sur une chanson pour le spectacle amateur et je n'ai plus une minute à moi.

— Qui ça, on ?

— Frédéric, Joëlle, Martin et moi.

— Je suis sûr qu'ils n'en mourront pas si je te vole une heure ou deux, non ?

— Tu ne comprends pas, David. Ils ne décident pas de ce que je fais, c'est moi qui aime mieux appliquer mon énergie là plutôt qu'ailleurs ! Il faut que j'écrive les paroles et j'ai des problèmes...

— Max, tu le sais que j'ai absolument besoin de toi !

— Je ne suis quand même pas indispensable !

— Oui.

— Non.

— OUI !

Il a crié. Cela me surprend autant que les autres élèves. Il ne me reste plus qu'à me faire toute petite et à attendre que tout le monde arrête de me regarder. J'ai le visage en feu.

David affiche un sourire triomphant.

— Alors, tu vas m'aider ?

Évidemment, je finis par céder.

— Merci, Max, je t'adore.

Oui, je commence à le savoir.

Il me laisse cinq secondes de répit pour écouter le prof puis reprend :

— Vous allez chanter au spectacle amateur ?

— Oui, une chanson que Martin a écrite.

— Pourquoi vous n'essayez pas le concours ?

Ma surprise doit se lire sur mon visage. David voit tout de suite que je ne sais pas de quoi il parle.

— Tu sais, le concours pour amateurs organisé par les stations de radio de la région, avec des prix à gagner... Il y aura même une finale régionale. Un peu comme « Cégeps en spectacle », sauf qu'il s'adresse aux élèves du secondaire. Tu n'en avais jamais entendu parler ?

— Non, je n'étais pas au courant... Ça a lieu quand ? On s'inscrit où ?

— Juste avant les vacances de Noël, et tu t'inscris à la station. Faites vite, je crois que les inscriptions se terminent bientôt.

La cloche sonne. La classe entière se lève d'un bond. Toute cette histoire m'a un peu fait perdre la tête et je me jette presque sur David pour le serrer dans mes bras.

— Merci, David, moi aussi je t'adore !

Il n'a pas le temps de réagir que je suis déjà partie, volant presque jusque chez Joëlle.

Je sonne à la porte. Frédéric vient répondre. Il m'accueille avec un grand sourire. Ces derniers jours, on dirait qu'il me sourit plus qu'avant... Aussitôt qu'il apprend que je veux les voir tous les trois ensemble, Martin, Joëlle et lui, ses yeux se mettent à pétiller. Il aimerait bien savoir pourquoi je suis ici, mais il l'apprendra en même temps que les autres. La nouvelle va avoir l'effet d'une bombe, j'en mettrais ma main au feu !

Frédéric me laisse à peine le temps d'enlever mes souliers et me pousse presque dans le couloir.

— Joëlle et Martin regardent un film au salon. Viens, j'ai hâte d'entendre ce que tu veux nous dire !

Depuis cette fameuse soirée où nous les avons pratiquement forcés à se regarder dans les yeux, nos deux tourtereaux ne se lâchent plus. Je savais que Joëlle l'aimait, son Martin, mais pas à ce point-là ! Depuis une semaine et demie, je ne la vois presque plus !

Je suis Frédéric et je manque de buter contre son dos quand il s'arrête. Joëlle et Martin sont bien là, dans le divan, à s'embrasser à pleine bouche. Il faudrait plus que ça pour mettre Frédéric mal à l'aise. D'un ton tout à fait naturel, il annonce :

— Désolés de vous interrompre, il paraît que Max a une grande nouvelle.

Joëlle demande, pas plus gênée que son frère :

— Ah oui ? Raconte-nous ça, Maxine.

— Heu, eh bien... C'est David.

Joëlle, évidemment, va s'inventer n'importe quoi.

— Il n'a plus de blonde ?

— Non non, tu es complètement dans les patates. David m'a dit qu'il y avait un concours organisé par la radio, auquel on pourrait participer avec notre chanson.

Si je m'attendais à ce qu'ils sautent de joie, je suis déçue.

— Alors quoi, ça ne vous tente pas ?

C'est Frédéric qui a l'air le moins enthousiaste, lui qui semblait tout énervé tantôt.

— Penses-tu que nous aurions le temps de nous préparer ?

— Il reste encore deux mois !

Frédéric me dévisage comme si je venais de lui déballer l'histoire la plus imbécile qu'il ait jamais entendue.

— Deux mois ! Tu trouves ça long, toi ? Voyons, Max, on n'a presque rien de fait ! Et, surtout, il nous manque les paroles...

— Je vais les écrire, les paroles, je vous ai dit que j'allais m'en occuper !

Légèrement penché vers moi, son sourire tout à fait disparu, Frédéric me parle en me regardant dans les yeux.

— Le dire, c'est loin d'être assez, il faudrait que tu t'y mettes.

Je perds mon calme. J'essaie de leur faire plaisir, et non seulement ils ne réagissent pratiquement pas, ils me tapent dessus avec leurs reproches !

— De quel droit tu me donnes des ordres comme ça, Frédéric Gamache ?

— Relaxe-toi, je n'ai pas l'intention de te donner des ordres, juste des suggestions, Maxine, des suggestions, O.K. ?

Je prends une grande respiration.

— Tu as raison, excuse-moi. Je vais m'y mettre, promis.

Je me tourne vers les deux autres.

— Martin, Joëlle, vous ne dites rien...

Joëlle parle la première.

— Je trouve l'idée pas pire. Avec tout le travail qu'on effectue sur cette chanson-là, on pourrait au moins essayer...

Martin réplique d'un ton un peu déprimé :

— Ouais, mais je me demande si la chanson en vaut la peine. J'ai peur qu'on ne soit pas à la hauteur.

Franchement ! Si j'avais su que je recevrais de pareils commentaires, j'aurais gardé ma grande nouvelle pour moi. Je sens que je vais encore perdre patience.

— Le concours ne s'adresse pas à des professionnels, quand même !

— Non, mais il peut y en avoir des meilleurs que nous autres...

Qu'est-ce qui lui prend, à Martin, de se rabaisser comme ça ? J'en ai assez, moi.

— Arrête, tu décourages tout le monde ! Écoutez, même si on ne gagne pas, on devrait au moins participer. Juste pour le défi, pour le plaisir. Et puis, on ne sait jamais, on a peut-être une petite chance ? Moi, j'aime notre musique. Je vais me forcer pour les paroles, je vous le promets. Ça va sûrement être acceptable comme chanson ! Alors ? On essaie, oui ou non ?

Frédéric et Joëlle répondent oui tout de suite. Martin hésite, puis finit par accepter. Je prends la responsabilité d'aller inscrire le groupe.

— Au fait, c'est quoi notre nom ?

— Bonne question !

— Quelqu'un a une idée ?

L'imagination n'est pas à son plus fort aujourd'hui. Personne n'a de suggestion.

Comme j'ai l'intention de nous inscrire demain, je propose que nous en reparlions ce soir, à la répétition. Tout le monde tombe d'accord là-dessus.

— Bon, moi, je vais aller souper. On se retrouve chez Martin !

Je sors du salon accompagnée par leurs « À tantôt ! » et leurs « Bon appétit ! » Après avoir mis mes souliers, je me rappelle soudain que je ne pourrai pas les rejoindre, ce soir.

— Hé ! gang, j'y pense... Je ne pourrai pas aller chez Martin, je garde.

Un silence. Puis la voix de Frédéric :

— Ah !

— Vous pourriez répéter sans moi. Je n'ai pas un grand rôle à jouer côté musique, de toute façon. Je vais essayer de composer les paroles pendant la soirée, je n'ai jamais rien à faire une fois les enfants couchés.

— As-tu une copie de la musique ?

— Oui. Joëlle, tu m'appelleras pour me dire le nom du groupe, d'accord ?

— Pas de problème. C'est chez Madame Tremblay ?

— Oui, tu as le numéro ?

Je le lui donne, puis prends congé de tout le monde à nouveau. Une fois de plus, j'ai droit à un concert de salutations. En une semaine, Frédéric et Martin sont devenus, avec Joëlle, mes meilleurs amis.

Plutôt drôle quand on pense qu'il n'y a pas si longtemps, je leur parlais à peine... Depuis que nous faisons de la musique tous les quatre, nous sommes devenus très complices. Évidemment, il y a certains liens, entre frère et sœur, meilleures amies, meilleurs amis, qui sont particuliers, exclusifs, mais nous formons quand même une espèce de tout, un ensemble... un groupe ! C'est bon signe pour le concours !

▲ ▲ ▲

Les deux enfants que je garde, Sébastien et Mélanie, dorment à poings fermés. Je ne comprends pas comment ils font, après le film d'horreur qui vient de passer à la télévision. Il me semble que je ne regardais pas ce genre de films quand j'avais leur âge. Pourtant, ça avait l'air tout naturel pour eux ! Moi, j'en tremble encore. Brrr... Pour me changer les idées, je décide d'essayer d'écrire la chanson. Je n'y arrive pas. J'ai peur. J'ai beau essayer de me raisonner, de me convaincre que mon imagination me joue des tours, la maison me paraît très sombre tout à coup. Et j'entends des bruits que je n'entendais pas avant. Ma solitude me pèse vraiment beaucoup. Trop. Le silence est trop lourd. Si seulement je pouvais parler à quelqu'un... Je prends le téléphone, compose le numéro de Joëlle et attends, le cœur battant, espérant qu'elle est revenue de chez Martin. Si elle s'y trouve encore à vingt-trois heures, je ne la dérangerai pas... La voix de mon amie parvient enfin à mon oreille.

— Ouf ! Jo, je suis tellement contente que tu sois là.

— Max ? Tu n'as pas l'habitude de me téléphoner à de pareilles heures !

— Tu vas me trouver complètement stupide, Jo, mais j'ai peur.

— Hein ? Peur de quoi ?

— Les enfants ont regardé un film d'horreur et ça m'a mise sur les nerfs...

Je l'entends qui se retient pour ne pas rire à l'autre bout du fil. Vexée, je lui fais remarquer qu'il n'y a rien là de drôle.

— Excuse-moi. Je te comprends, ça m'est déjà arrivé aussi. Voudrais-tu que j'aille te tenir compagnie un peu ?

— Si tu n'es pas occupée...

— Non non, je tournais en rond depuis un bout de temps. Attends-moi, je pars tout de suite.

Chère Joëlle, toujours prête à me dépanner.

Cinq minutes plus tard, on cogne à la porte.

— Salut... Frédéric ?

Je suis tellement surprise que j'oublie de le laisser entrer.

— Salut, Maxine. Jo avait l'air fatiguée, alors je lui ai proposé de venir à sa place... Arrête de me regarder comme ça, je vais croire que tu ne me reconnais pas !

Sait-il pourquoi Joëlle devait me rejoindre ici ? Si elle a eu le malheur de le lui dire, j'aurai l'air de quoi dans cette histoire ? Frédéric se moquera de moi jusqu'à la fin de ses jours. Sinon, il me posera sûrement la question. Qu'est-ce que je vais inventer ? Je n'irai quand même pas lui avouer la vérité !

— Tiens, son magnétophone.

— Quoi ?

— Son magnétophone. C'est ça que tu voulais, non ? Je croyais que tu en avais besoin pour écouter la cassette vu que tu as oublié ton baladeur...

Je retiens un énorme soupir de soulagement.

— Ah ! oui, excuse-moi, j'étais dans la lune.

Frédéric a un petit sourire en coin.

— Max, est-ce que je peux entrer ? Je commence à geler...

En effet, le mois d'octobre n'est pas tellement chaud cette année.

— Oh ! excuse-moi, je suis vraiment dans la lune, viens !

— Ça ne te dérange pas ? Je vais juste me réchauffer avant de repartir...

— Me déranger ? Jamais de la vie ! Viens donc t'asseoir, me parler un peu... Je commençais à trouver le temps long !

Nous nous installons au salon, lui dans un fauteuil, moi dans le divan.

— Alors, la répétition ?

— Bof, on n'a pas répété beaucoup en fin de compte. Peut-être que tous les jours, ça nous en fait trop. On a décidé d'espacer ça un peu.

— Je suis tout à fait d'accord, on va pouvoir respirer. Et le nom du groupe ?

— Ah oui, le nom du groupe ! Écoute ça, c'est Martin qui l'a trouvé : Ultimatum !

— Ultimatum ? Pourquoi ?

— Parce qu'on trouve qu'il y a de l'énergie dans ce mot-là. L'énergie du désespoir, si on peut dire.

— Il trouve qu'on est désespérés à ce point-là ?

— Non, bien sûr que non, mais il y a de l'urgence dans le mot, il y a de la vie, c'est comme si on disait aux gens : « On vous donne une seule chance de nous aimer, ne la manquez pas ! »

— Super ! J'adore ça ! Alors, je vais aller inscrire le groupe Ultimatum au concours... Demain sans faute.

Il y a un silence de quelques secondes.

— Si tu veux que je m'en aille pour travailler aux paroles, dis-le.

— Non non, reste.

J'ai peut-être l'air trop empressée. Il va croire que je veux absolument le retenir à cause de ses beaux yeux... On ne sait jamais avec les gars, ils ont parfois de ces idées !

— Mais si tu as autre chose à faire, Fred, ou si tu aimes mieux partir, ça ne me dérange pas, vas-y.

— Non, je n'avais rien de prévu.

Un autre silence. Pour la première fois, nous voilà vraiment seuls. Je n'irais pas jusqu'à dire que je trouve la situation désagréable, mais je me sens un peu mal à l'aise. Le silence n'aide pas... Je me creuse la tête, cherchant une parole un peu intelligente à sortir, quand une idée me traverse l'esprit.

— Hé ! Fred, j'y pense, tu m'avais dit que tu me donnerais un coup de main pour les paroles ! S'il te plaît, juste un peu, juste pour le début, une petite demi-heure...

Il rit, d'un rire presque musical, et accepte sans trop se faire prier.

— Merci, Fred. Ça va m'aider beaucoup. On s'installe dans la cuisine ?

— Pourquoi, tu n'es pas bien ici ? On pourrait s'asseoir par terre. Je pensais que vous aimiez ça, Joëlle et toi, vous asseoir par terre ? De toute façon, dans une cuisine, on ne trouvera pas beaucoup d'inspiration, sauf si tu as l'intention d'écrire une chanson sur la vaisselle qui traîne ou sur le fonctionnement du four à micro-ondes...

— Tu es drôle, toi, quand tu veux ! Bon, d'accord, on va s'asseoir par terre.

Je me laisse glisser du divan sur le tapis, ma feuille sur les genoux et la cassette dans la main. Frédéric prend place à côté de moi.

— Si je comprends bien, chère amie, je dois me transformer en Cyrano de Bergerac et sortir mes grands mots !

On aura tout entendu ! Frédéric qui se prend pour Cyrano !

— Où est-ce que tu vas chercher ça ? On écrit une chanson, pas une pièce de théâtre !

— On ne sait jamais, des fois ça peut être utile de se changer en poète... Pourquoi tu penses que Roxane a fini par l'aimer, son Cyrano ? Sûrement pas à cause de son physique !

— Ça ne lui a rien donné, à Cyrano, elle ne savait pas que c'était lui qui écrivait les lettres. Personne ne peut être certain qu'elle l'aurait aimé pour vrai.

— Moi, je gagerais que oui. Vous autres, les filles, vous êtes comme ça.

— Comme quoi ?

— Je ne sais pas, moi, tu sais ce que je veux dire... Vous aimez les grandes émotions, vous aimez vous compliquer la vie, vous vivez tout à l'intérieur, vous ne vous occupez pas tellement des apparences...

— Ah non ? Et qu'est-ce que tu fais des filles qui pensent juste à leurs vêtements et à leur maquillage, qui apportent leur miroir aux cours et qui n'aiment pas sortir dehors parce que ça les décoiffe ?

— Oh ! elles, je ne les compte pas comme des vraies filles... Non, excuse-moi, je m'exprime mal. Disons que ce sont des filles qui ne connaissent pas encore la vie, la passion, l'amour des gens, des choses, de la musique...

Frédéric parle comme je ne l'en aurais jamais cru capable. Je bois ses paroles, impressionnée et un peu intimidée par ce garçon que je découvre sous un nouveau jour. Ce Frédéric-là, je ne le connaissais pas. Je ne soupçonnais même pas son existence...

— Alors, Fred, qu'est-ce que tu entends par « vraie » fille ?

Il me regarde. Il ne sourit pas et je me rends compte que je le trouve beau, avec son air sérieux. Je sens que je rougis. Heureusement, il fait plutôt sombre, peut-être qu'il ne remarquera pas... Il hésite quelques secondes, puis répond :

— Quelqu'un comme toi.

— Moi ?

— Oui, toi. Toi, tu es vraie. Ce que les autres pensent, ça ne te dérange pas, tu fais ce qui te tente, tu t'accroches jusqu'au bout. Et ça ne t'empêche pas de respecter les gens, d'écouter leurs opinions, tu réussis toujours à les mettre à l'aise...

— Me niaises-tu, là ?

— Non, je te jure ! Prends la chanson, par exemple. Depuis qu'on en a parlé la première fois, je gage que tu ne penses qu'à ça. J'ai raison ?

— Oui... Toi aussi, non ?

— Heu... oui.

— Alors, tu serais un « vrai » gars ?

Avec un air moqueur, les yeux brillants, malicieux, il répond :

— Moi, je m'intéresse aux filles. Si tu veux une définition d'un « vrai gars », tu devras l'inventer...

Son épaule s'appuie à la mienne depuis cinq minutes. Au début, je ne m'en apercevais pas, mais maintenant, je la sens, je sens la chaleur du bras de Frédéric sur le mien. Pourquoi mon cœur bat-il très fort, tout à coup ? À cause de l'obscurité ? Des paroles de Frédéric ? De son corps tout proche ? Je change de position discrètement, juste assez pour cesser le contact. Mon cœur se calme tranquillement.

Frédéric me demande comment je définirais un « vrai gars ». Est-ce que je sais, moi ? J'aurais envie de lui répondre : « Toi. Quelqu'un qui a du cœur, qui sait parler, se faire écouter, quelqu'un avec qui on se sent bien. Quelqu'un dont on doit s'éloigner quand on en est trop proche, quand les épaules commencent à se frôler, sinon on peut ressentir des émotions qu'on ne devrait pas... » Voyons, Max, arrête ! Je ne vais pas lui dire cela, je ne devrais même pas le penser ! Comme il continue de me regarder avec insistance, je finis par bredouiller un « Je ne sais pas » plutôt idiot. Pour changer de sujet, je mets la cassette dans le magnétophone, en espérant qu'il ne voit pas mes mains trembler. Nous écoutons sans dire un mot. À la fin, Frédéric lance LA question :

— Bon ! Qu'est-ce que ça t'inspire ?

— Franchement, pas grand-chose.

En fait, cela n'allume absolument aucune lumière dans ma tête ou dans mon cœur. J'ai les idées trop à l'envers pour voir clair et la présence de Frédéric, presque collé sur moi, ne m'aide absolument pas à remettre de l'ordre là-dedans.

— Force-toi un peu ! Ça doit bien t'inspirer au moins un petit bout d'idée !

— Non, désolée. Toi ?

— Ce n'est pas moi le poète ici.

— Je n'ai jamais prétendu être poète. Je suis bonne en composition, oui, mais j'écris juste de la prose. La poésie, je ne connais rien là-dedans. Et je te ferai remarquer que tu ne m'as pas dit ce que ça t'inspire à toi...

— Heu... rien du tout.

— Tu vois ! Écoute, si on pouvait imaginer un thème, une idée, un titre, quelque chose du genre, ce serait un début...

— Ça pourrait avoir rapport avec notre nom, Ultimatum.

— Pas mal comme idée ! Et qu'est-ce que tu disais tantôt ? Quelque chose que j'ai trouvé génial... Ah oui : qu'on donne une seule chance aux gens de nous aimer. Attends, que je note ça...

Enfin, un départ ! La brume qui m'engourdissait l'esprit se dissipe peu à peu, remplacée par l'excitation. On avance !

— À part ça, Fred ? D'autres idées ?

— T'as le droit d'en trouver aussi, je n'ai pas le monopole des idées ici !

— Je cherche, je cherche... Hé ! qu'est-ce que tu dirais d'un titre comme « Dernière chance » ? Je pourrais parler d'une fille qui a tout misé sur un seul gars, qui attend depuis longtemps et qui lui lance... un ultimatum !

— Super !

Il me fixe de ses beaux yeux brun-noir (je n'avais jamais remarqué qu'ils étaient beaux) avec un point d'interrogation sur le visage :

— David, hein ?

— Quoi, David ?

— C'est de David que tu parles ? C'est lui le gars sur qui tu as tout misé ?

Je n'avais pas pensé à David, pas même une seconde. Pourtant, l'histoire que je viens de résumer en une phrase ressemble effectivement à la mienne...

— Maxine, ne va pas t'imaginer que je ne vois rien, que je n'entends rien. Joëlle et toi, ça fait une éternité que vous parlez de lui. Je suis peut-être juste un gars, mais je peux deviner ces choses-là moi aussi !

— Tu connais Joëlle, elle fabule sur n'importe quoi. David est mon ami, O.K. ? Juste mon ami.

— Et s'il n'avait pas de blonde ?

— Frédéric...

— Ça va, ça va, j'ai compris.

— Et toi ?

— Moi ? Moi, je m'appelle Frédéric Gamache, j'ai seize ans et trois quarts...

Surprise par ma propre question, je lui demande si, à seize ans et trois quarts, le cœur de Frédéric Gamache bat pour une fille en particulier. Il répond « Non », très vite, et se rabat sur les paroles de la chanson. Je n'insiste pas. Je ne comprends pas pourquoi je lui ai posé une pareille question ni, surtout, pourquoi j'attendais la réponse avec une sorte d'impatience un peu craintive...

Nous revenons donc à nos paroles. Je remplis ma feuille de mots, de bouts de phrases. Je m'arrangerai pour mettre tout ça en ordre plus tard. La composition comme telle ne peut pas se faire à deux. De toute façon, Frédéric n'a pas envie de composer. Pourtant, il sort des idées extraordinaires ! Des idées sur l'attente, l'espoir, la confiance, la déception, le découragement, l'abandon... Et il dit que ce sont les filles qui aiment les émotions !

Quand finalement les Tremblay rentrent de leur soirée, il y a longtemps que notre demi-heure est écoulée. Cinquante minutes plus exactement.

— Alors, Maxine, ça s'est bien passé ?

— Très bien, madame, il n'y a pas eu de problème.

— C'est ton chum ?

Quelle question ! J'ai envie de rire tellement l'idée me paraît inconcevable.

— Oh non, c'est juste le frère de Joëlle.

La mère des deux amateurs de films d'horreur me demande si je serai libre samedi soir prochain. Elle aurait encore besoin de moi. J'accepte, en pensant à la belle soirée que je viens de vivre. Le temps passe vite avec Frédéric ! Et maintenant, je me retrouve avec plein d'idées pour mes paroles. Je pourrai composer samedi, lors de ma prochaine séance de gardiennage...

Monsieur Tremblay me propose de me reconduire chez moi. Frédéric répond à ma place qu'il va s'en occuper puisqu'il est venu avec l'auto de ses parents.

Il ne dit pas un mot jusqu'au véhicule. Et son silence est loin d'être agréable. En sortant du stationnement, il murmure :

— Juste le frère de Joëlle, hein ?

— Ça te frustre ?

— Juste le frère de Joëlle, je ne trouve pas ça très flatteur ! Tu aurais pu me présenter comme un de tes amis !

— C'est parce qu'ils connaissent Joëlle que j'ai dit ça ! Voyons, Frédéric, tu sais bien que je ne te vois pas juste comme le frère de mon amie !

— Ah non ? Tu me vois comment, alors ?

— Eh bien, comme... comme... Frédéric.

Il a un de ses fameux petits sourires en coin. Cela me rassure.

— Comprends-tu ? Je pourrais presque aussi bien dire « Joëlle est la sœur de Frédéric » que « Frédéric est le frère de Joëlle » ! Je ne sais pas comment m'expliquer, j'ai l'impression que ça manque de clarté...

— Non, ça va, je comprends. Mais pourquoi « presque » ?

— Parce que Joëlle est ma meilleure amie, je suis quand même plus proche d'elle que de toi... J'avoue qu'avant ce soir, je ne t'aurais pas appelé autrement que son frère. Mais on a parlé, je te connais un peu mieux... Dans le fond, tu as raison, j'aurais dû t'appeler mon ami. Je pensais qu'il y avait seulement avec Joëlle que je pouvais parler comme ça. Je n'aurais pas placoté de même avec n'importe qui, et surtout pas avec n'importe quel gars...

— Et moi, je n'en aurais pas dit autant à n'importe quelle fille.

Cette dernière remarque me flatte. Quelque chose vient de changer entre Frédéric et moi et j'en suis bien contente.

Il arrête l'auto devant chez moi. Je le remercie et sors. Juste avant que je referme la portière, il m'interpelle :

— Maxine ?

— Quoi ?

Son petit sourire brille dans le noir.

— Si les enfants regardent encore un film d'horreur samedi, tu pourras toujours m'appeler...

Il y a deux heures, cette phrase m'aurait fait mourir de honte. Plus maintenant.

— Sois gentil, Fred...

— Oui ?

— Dis à Joëlle que si je l'attrape, elle va passer un mauvais quart d'heure !

CHAPITRE 5

Un crayon entre les lèvres, une feuille griffonnée devant lui, Martin se concentre sur sa guitare. Frédéric l'accompagne. De temps à autre, Joëlle plaque quelques accords sur le clavier. Je reste toute seule, les bras croisés.

— Est-ce que je peux vous aider?

Joëlle ne lève même pas la tête et répond d'un air ennuyé :

— Max, tu nous as posé cette question-là au moins cinquante fois. Non, tu ne peux pas nous aider, à moins que tu apprennes la musique instantanément...

Je soupire. C'est sans espoir. Je suis la seule à ne pas jouer d'un instrument ici, ce qui me met terriblement mal à l'aise. J'ai bien appris la flûte à bec en deuxième année du secondaire, comme tout le monde, mais je doute que cela nous soit très utile. Pour me donner une certaine contenance, je prends ma feuille de paroles, encore désespérément vierge, et mon crayon. Elle restera blanche, évidemment, il n'y a pas moyen de se concentrer avec un pareil vacarme. Justement... Il manque quelque chose à ce vacarme. Le manque me paraît soudain tellement évident, il crée un tel vide que je n'arrive pas à croire que nous ne l'avons pas remarqué plus tôt.

— On a un problème.

Les trois instruments s'arrêtent. On entendrait une mouche voler.

— Il nous manque du monde.

Frédéric hausse les épaules.

— Moi, je ne trouve pas. Si on embarque quelqu'un d'autre, qui nous dit que ça ne va pas tout gâcher ?

— On n'a pas le choix, Fred. Il manque la batterie.

Tout le monde se regarde avec un air presque scandalisé.

— Comment ça se fait qu'on n'y a pas pensé avant ?

— À cause de l'énervement, probablement, et on s'entend tellement bien à quatre...

— Maxine a raison, il va falloir trouver quelqu'un d'autre.

— Qui ?

Personne ne sait, évidemment. Je continue :

— Et en plus, il faudrait trouver une autre personne pour le clavier. Joëlle ne pourra pas chanter et jouer en même temps. À moins que tu veuilles m'apprendre, Jo.

— Heu, Max...

— Je réussirais, avec beaucoup de pratique.

— Non, écoute, je ne doute pas que tu pourrais apprendre mais... Eh bien... Voilà : on en a parlé, Martin, Frédéric et moi, et on a décidé que vu que tu écris les paroles, ce serait plus juste que tu chantes.

Martin enchaîne :

— Ça faciliterait la vie de tout le monde, Joëlle pourrait rester au clavier... De toute façon, elle a une voix de soprano et la musique est plutôt faite pour une alto.

J'en ai le souffle coupé. Ça commence bien ! Pas facile de chanter quand on ne peut plus respirer !

— Maxine, dis quelque chose...

— C'est assez surprenant, Joëlle, laisse-moi le temps de digérer ça !

— Mais tu vas dire oui ?

— Je n'ai jamais chanté en spectacle !

— Moi non plus, ce n'est pas une raison.

— Je ne sais pas si je suis assez bonne.

— Quand Martin a dit ça de sa musique, tu ne l'as pas pris. Penses-tu qu'on va accepter que tu sortes la même excuse pour ta voix ?

Je finis par sourire, gagnée par l'enthousiasme et la confiance de Joëlle.

— Si vous insistez...

— On insiste !

— Bon, dans ce cas... je vais chanter !

— Un problème de réglé !

Je me trouve comme en état de choc. Moi, chanter ? Si je m'étais attendue à ça ! Je n'en dormirai plus jusqu'au concours ! D'un autre côté, ça va m'aider pour écrire les paroles. Sachant que je les chanterai moi-même, j'aurai certainement plus de facilité.

▲ ▲ ▲

Le lendemain soir, je m'efforce d'expliquer à David l'oxydoréduction. Depuis une demi-heure, il essaie de me convaincre qu'il n'a jamais entendu ce mot-là de sa vie. Nous sommes installés à la table de cuisine des Tremblay (pas besoin d'inspiration cette fois !) et les enfants dorment tranquillement. Je ne lui ai pas vraiment laissé le choix : pendant que je gardais ou jamais, puisque je consacre presque tout mon temps libre au groupe. David a tellement besoin d'aide qu'il n'a même pas essayé de négocier : il a accepté tout de suite.

— Le principe est pourtant simple, David : un positif avec un négatif, ça s'annule. Donc, il faut que tu équilibres les équations pour qu'un atome qui libère des électrons réagisse avec un atome qui en capte ; tu arrives à une solution finale qui te donne seulement des éléments et pas d'électrons ! Vas-y, je te laisse le prochain numéro.

Il se force, le pauvre, il fait vraiment des efforts pour résoudre le problème, mais il ne réussit pas. J'ai beau me creuser la tête, je n'arrive pas à imaginer d'autres façons de lui expliquer, alors je radote. Il va finir par me trouver fatigante !

— Ça ne marche pas, Maxine, je ne comprends rien, et je suis tanné de toute façon. On fait une pause ?

— On n'a même pas travaillé une heure !

— Écoute, il arrive dix heures. À dix heures le samedi soir, d'habitude, je ne pense plus à mes devoirs depuis longtemps.

Il ferme son livre, lâche son crayon et s'étire.

— Bon, comme tu veux. Je fais ça pour te dépanner...

— Je sais. Il n'y a pas beaucoup de gens qui m'aideraient comme toi. Tu es vraiment gentille, Max.

— Et tu m'adores, je sais, ne le répète pas.

Il rit.

— Oui, je t'adore. Alors, ce projet de chanson, ça avance comment ?

Il ne sait pas dans quoi il s'embarque ! Moi, quand je commence à parler de notre chanson, je deviens intarissable. Je pourrais filer pendant des heures sans m'arrêter. Elle a pris énormément d'importance pour moi, surtout depuis ma nomination comme « chanteuse officielle » du groupe. Bien sûr, j'en viens à parler de notre problème à David.

— Ah oui ? Il vous manque quelqu'un à la batterie ?

— Oui. On a presque paniqué quand on l'a remarqué, mais Frédéric a fini par se souvenir de quelqu'un qui pourrait convenir. Espérons qu'il acceptera !

— Je vous le souhaite. Sinon je connais une personne qui pourrait vous aider.

— Qui ?

— Moi.

— Toi ? Tu sais jouer ?

— Disons que je me débrouille. J'ai déjà fait partie d'un groupe, mais le projet est tombé à l'eau. Alors, si vous avez besoin de moi...

— Je m'en souviendrai, David, merci.

— De rien. Je te dois bien ça !

La sonnette d'entrée retentit, juste comme je recevais enfin des remerciements en règle, après toutes les heures que j'ai accepté de consacrer à David ! La vie est ingrate, des fois...

Frédéric, un grand sourire sur les lèvres, m'attend sur le perron.

— Alors, ils ont regardé leur film d'horreur ?

— Non, désolée, pas ce soir. Mais tu peux entrer quand même.

— Merci. En passant, j'ai appelé la personne dont je vous parlais, elle a accepté de venir nous écouter demain. Il paraît qu'elle est super compétente, ça fait déjà trois ans qu'elle joue dans des spectacles et...

Frédéric se fige net en apercevant David. Il perd toute trace de sourire.

— Salut, Frédéric.

— Salut.

Puis, se tournant vers moi et à voix basse :

— Je vois que je te dérange. Excuse-moi, je vais repartir.

— Y a pas le feu ! Tu peux bien rester un peu ! De toute façon, on faisait justement une pause...

— Non, je suis occupé. Je passais seulement pour te dire que Julia va venir demain.

— Julia ?

— Pour la batterie.

— Une fille ?

— Oui, ça te dérange ?

Il n'a pas l'air de très bonne humeur. Je laisse donc tomber le « Si c'était juste ça, tu n'avais qu'à téléphoner » qui m'était spontanément venu à l'esprit et je me tais.

— Bon, j'y vais. On se revoit demain, Maxine ?

— Oui.

— Alors, à demain. Salut, David.

Je ne devrais pas me sentir coupable que Frédéric m'ait surprise avec David... Je n'ai rien fait de mal ! Pourtant, je ne peux pas me débarrasser d'un certain malaise. Et pourquoi est-ce que cela me trouble tellement que le batteur soit en réalité une batteuse ?

▲ ▲ ▲

Depuis que nous y avons pratiquement élu domicile, il y a trois semaines, le sous-sol chez Martin n'a jamais connu le silence. Du moins jusqu'à maintenant. Pourtant, en ce moment, personne n'ose parler.

Julia, la fameuse Julia de Frédéric, est venue nous écouter.

— Heu, Julia, je te présente Joëlle, ma

sœur, Martin, son chum, et Maxine. Joëlle est au clavier, Martin à la guitare et Maxine chante.

Elle ne regarde même pas Frédéric quand il lui parle. Elle ne nous regarde pas non plus. En fait, on dirait qu'elle ne regarde rien ni personne. Comme si elle voyait à travers nous. Comme si nous ne valions pas la peine que ses yeux s'attardent sur nos petites personnes.

Frédéric semble moins sûr de lui que d'habitude.

— Bon, eh bien, on va commencer tout de suite. Julia, si tu veux t'asseoir...

Madame n'a pas voulu déménager sa batterie tout de suite. Madame voulait d'abord savoir si nous la méritons. Elle nous fait clairement sentir qu'elle en doute. Elle nous traite comme de minables amateurs qui n'ont rien dans la cervelle et absolument aucun avenir.

— Non merci, je préfère rester debout.

Et cette voix ! Ces lèvres pincées ! Ce port de tête dédaigneux ! Elle reste debout, bien sûr, pour pouvoir nous regarder de haut, avec ses bras croisés et son petit sourire du genre « Vous ne réussirez pas à m'impressionner ! » Frédéric me jette un coup d'œil puis ajoute :

— Une dernière chose : on n'a pas encore de paroles.

— Ah ? Et vous vous attendez à être prêts pour le concours ?

Je la mordrais. Je la grifferais. Je ne suis pas de nature violente, pourtant. Mais cette fille-là me met hors de moi. Elle démoralise tout le monde avec ses petits commentaires vitrioliques et sa voix de sorcière. Alors, pour rétablir un peu la situation, je réplique :

— Je les ai écrites, je les apporterai la prochaine fois. Je… heu… je les ai oubliées aujourd'hui.

Frédéric, Martin et Joëlle me lancent un regard surpris. Surtout Joëlle, dont l'expression se transforme après une fraction de seconde. Elle ne me croit pas. Elle a raison. Je lui expliquerai tout en détail plus tard.

Julia me dévisage d'un air hautain. Avec cette voix que je déteste déjà, elle demande :

— Tu pourrais peut-être essayer le refrain… Tu dois te souvenir au moins du refrain ?

— Non, désolée, je n'arrive pas à me le rappeler.

Elle rit méchamment, dédaigneusement.

— Ça promet ! Si même toi tu ne te rappelles pas les paroles que tu as écrites !

Frédéric me supplie du regard de ne pas monter sur mes grands chevaux, de me calmer et, surtout, de me la fermer. Heureusement, sinon je serais probablement en train de chanter à pleins poumons des bêtises à cette pimbêche.

— On y va !

Et ils jouent, les musiciens. Je tombe encore sous le charme. La mélodie m'envoûte, comme toujours. Ni rapide ni lente, elle vibre toute seule. J'ai hâte d'entendre le résultat final, avec les paroles !

J'observe Julia à la dérobée. Même si elle essaie par tous les moyens de le cacher, elle est impressionnée. Plus qu'elle ne le voudrait, je pense. Je la surprends même à taper du pied en mesure. Quand Joëlle, Frédéric et Martin s'arrêtent, fiers d'eux-mêmes, elle lance :

— Ouais, je crois que je vais vous donner une chance.

Décidément, je l'étriperais !

▲ ▲ ▲

Le mardi après l'école, Frédéric emprunte l'auto de ses parents pour aller chercher Madame et ses bagages. Martin l'accompagne, ce qui a pour conséquence que je me retrouve seule avec Joëlle. Il y a une éternité que ce n'est pas arrivé. Nous parlons de choses et d'autres, mais surtout de Martin. Leur histoire d'amour ressemble à un conte de fées, d'après ce que Joëlle me raconte. Elle a des étoiles dans les yeux quand elle aborde le sujet Martin. Je crois bien que je ne l'ai jamais vue aussi heureuse. Moi, par contre, je me sens un peu abandonnée. Je ne vois presque plus ma meilleure amie. Je veux bien admettre que c'est normal qu'elle passe beaucoup de temps avec son chum, mais de là à me délaisser tout à fait... Une petite voix me chuchote que j'exagère. D'accord, il y a longtemps que nous n'avons passé un moment toutes les deux toutes seules. Mais il y a quand même les répétitions, tous les deux ou trois jours, et l'école aussi. Finalement, à bien y penser, elle ne me néglige pas tant que ça. De toute façon, je ferais probablement la même chose s'il y avait un gars dans ma vie. L'amour transforme les gens... La preuve, il a changé Joëlle-la-sociable en Joëlle-la-recluse !

— En tout cas, Max, je te dois beaucoup. Si tu n'avais pas été là, avec Frédéric, pour forcer les choses...

Elle m'adresse un sourire complice.

— Et toi ? Ça avance ?

— Côté amour ? Pas du tout. David a encore sa blonde...

— Et Frédéric ?

J'ai dû mal entendre.

— Frédéric ?

— Oui, Frédéric, mon frère, tu te rappelles ? Le grand brun aux yeux noirs qui joue de la basse avec le groupe Ultimatum...

— Jo, niaise-moi pas, je sais de qui tu parles. Mais Frédéric n'a rien à voir dans nos histoires !

— Laisse faire. Tu vas encore penser que j'invente.

— Non, vas-y, ça m'intéresse !

Joëlle ne se le fait pas dire deux fois. Les aventures amoureuses la passionnent, surtout lorsqu'il ne s'agit pas des siennes.

— Je trouve que Frédéric et toi, vous vous parlez plus qu'avant, vous vous connaissez davantage...

— Normal, on passe une soirée sur deux ensemble.

— Plus les soirs où tu gardes !

— Je m'excuse, mais il est venu seulement une fois.

— Et samedi dernier ?

— Franchement, je l'ai vu cinq secondes. Je crois qu'il n'aime pas tellement David.

— David était avec toi ? Ça expliquerait la mauv... Non, rien.

— Quoi ? Qu'est-ce que tu allais dire ? Joëlle, s'il te plaît !

Une fois de plus, je n'ai pas besoin d'insister. Heureusement, car sa phrase inachevée demande des éclaircissements...

— J'allais dire que ça expliquerait la mauvaise humeur de Frédéric à son retour. Il n'a pas prononcé un mot de la soirée.

— Bof, avec son caractère... On ne sait jamais ce qui le met de mauvais poil, ton frère.

Si je ne connaissais pas Joëlle aussi bien, probablement que je me ferais moi aussi des idées sur l'attitude de Frédéric. Mais il est fini, le temps où je croyais toutes ses inventions. Maintenant, je l'écoute et je m'emballe quelquefois, je l'admets, mais jamais pour longtemps. C'est pour le simple plaisir de rêver un peu entre filles. Et pas question de rêver à propos de Frédéric. Ce serait trop dangereux, maintenant que je me retrouve si souvent avec lui.

— Tiens, voilà Julia et les gars.

J'aurais envie de rectifier : Madame et ses serviteurs. Son Altesse Royale et ses valets ! Elle suit Frédéric et Martin, les somme de faire attention à ses instruments, « très très attention, allez-y doucement, ça vaut une fortune ces affaires-là » et, évidemment, elle les laisse tout transporter. Elle me tape drôlement sur les nerfs, la nouvelle. Tellement que si je ne me retenais pas, je l'enverrais valser contre un mur.

Je me penche vers Joëlle et murmure :

— Ça m'inquiète, Jo, je deviens violente.

— Rassure-toi, elle me fait le même effet.

Je pourrais trouver ça rassurant, d'accord, mais d'un autre côté on risque de voir le sous-sol se transformer en champ de bataille, et adieu l'esprit de groupe !

Je réussis à accrocher Frédéric sans trop savoir comment. Julia l'accapare depuis son arrivée. Elle lui laisse à peine l'espace pour respirer.

— Fred, les paroles...

— Je sais, tu ne les as pas écrites.

— Comment le sais-tu ? Joëlle te l'a dit ?

— Non, j'ai deviné, c'est tout. Si vraiment tu avais écrit les paroles, tu nous l'aurais annoncé avant. Mais tu n'allais quand même pas te laisser marcher sur les pieds ! Ça m'aurait étonné de ta part ! Sauf que maintenant, tu as un problème...

— Exactement. Je ne peux pas lui sortir encore mon excuse de l'autre fois, que j'ai oublié mes feuilles ! Elle commencerait à se douter de quelque chose !

— Non, fais semblant que tu te sens mal. Une migraine, un mal de cœur, n'importe quoi. En tout cas, tu te sens trop mal pour chanter.

— Merci, Frédéric, un vrai génie.

— Génie, génie... Super brillant, d'accord, mais génie...

Nous rions tous les deux en descendant pour aller rejoindre les autres. Évidemment, personne ne parle, au sous-sol. Julia a le don d'imposer le silence. Encore une fois, Frédéric fait le pont entre la trouble-fête et nous.

— Martin, si tu pouvais parler à Julia de ce que tu veux...

Madame jette un coup d'œil à notre guitariste puis, sans le laisser placer un mot :

— Si ça ne vous dérange pas, j'aimerais mieux choisir mes propres arrangements. De toute façon, je m'y connais mieux que vous autres, ce sera probablement meilleur si je décide moi-même.

Martin fulmine. Encore une fois, sa susceptibilité de compositeur est mise à rude épreuve. Si Julia continue, elle n'aura plus que des ennemis dans le groupe. Seul Frédéric n'a rien à lui reprocher. Pas encore...

— Heu... bon, d'accord, fais comme tu veux. On commence ?

— Et Maxine, elle ne chante pas ?

— Non, je ne me sens pas bien aujourd'hui. J'ai une migraine terrible.

— As-tu au moins apporté tes paroles,

qu'on puisse les voir ?

— Non, j'aime mieux vous faire la surprise.

— Nous faire la surprise, nous faire la surprise, non mais à quoi tu penses ? C'est du sérieux ! Le concours arrive dans un mois et demi, ce n'est plus le temps de penser aux surprises ! Franchement ! Tu as quel âge, Maxine ? Cinq ans ?

Cette fois, ni les yeux de Frédéric ni les paroles de Joëlle ne pourront m'empêcher de donner à cette chipie une raclée dont elle se souviendra. J'ai le sang qui bouillonne, les poings et les mâchoires serrés et une envie folle de la jeter par terre pour lui marcher dessus. Elle ne se sentirait plus aussi fière, elle qui me regarde maintenant en levant le menton, avec son petit sourire exécrable qui me crie : « Cette fois, tu ne t'en sortiras pas ! » Ah non ? On verra laquelle de nous deux « ne s'en sortira pas », ma belle !

Je n'ai pas fait trois pas que Frédéric vient se planter à côté de moi, une main sur mon épaule. Ses doigts exercent une légère pression. Ce contact me calme presque instantanément.

— Max, tu as l'air vraiment fatiguée. Peut-être que tu ne devrais pas rester ici, la musique empirerait probablement ton mal de tête. Va donc te reposer à la place.

Je saute sur l'occasion, car je ne demande pas mieux que de partir.

— Bonne idée, je vais aller dormir un peu. Appelle-moi après le souper pour me dire où vous en êtes rendus.

Tiens, Julia a perdu son sourire. Elle n'a pas l'air de m'aimer tout à coup. Je crois que cela ne lui plaît pas tellement que Frédéric me téléphone ce soir. Julia a un œil sur Frédéric ! On aura tout vu !

Les commentaires de Julia m'ont obligée à donner un coup de cœur pour écrire mes paroles. Je n'ai pas trouvé le travail si difficile, finalement. Aussitôt arrivée chez moi, je me suis plongée là-dedans. Après une heure et demie de réflexion, de ratures et de dictionnaire des synonymes, j'ai fini. J'avoue que le résultat me satisfait. Ce ne sera pas la chanson du siècle mais, quand même, Julia ne devrait pas avoir trop de choses à critiquer. En fait, je dois absolument montrer ces paroles à quelqu'un, sinon je vais exploser de fierté non partagée. Je prends le téléphone et compose le numéro de Joëlle.

— Allô !

— Salut, Frédéric.

— Max ! J'allais justement t'appeler. En fin de compte, il n'y a pas grand-chose à dire, on a répété jusqu'à cinq heures. Il n'y a eu aucun problème et Julia a trouvé tout ce qu'elle avait à trouver.

— Évidemment. Madame-la-parfaite ne pouvait pas faire autrement !

— Je sais que tu ne l'aimes pas, mais donne-lui une chance...

— Ouais. Je peux parler à Joëlle ?

— Désolé, elle passe la soirée chez Martin.

Juste quand j'avais besoin d'elle. Il faut absolument que je montre cette chanson à quelqu'un !

— Toi, Fred, es-tu occupé ?

— Pas vraiment, pourquoi ?

— J'ai écrit les paroles pendant que vous répétiez, j'aimerais te les montrer.

— Super ! Viens-t'en, Max, je t'attends.

— D'accord, j'arrive.

Quinze minutes plus tard, je sonne chez les Gamache. J'attends. Je sonne encore. Rien ne se passe. Je suis sur le point de partir quand Frédéric arrive en courant et ouvre la porte.

— Excuse-moi, je suis au téléphone, je reviens dans deux secondes.

Elles sont longues, ses deux secondes. J'ai le temps d'enlever mes souliers et mon manteau et de me rendre au salon. La voix de Frédéric me parvient depuis la cuisine.

— Oui... Oui... Non... Oui... Écoute,

Julia, Maxine vient d'arriver... Oui, à jeudi.

Julia ? C'était Julia ?

— C'était Julia.

À voir l'expression sur mon visage, il comprend que cela ne fait pas tellement mon affaire.

— Max, je sais que tu ne l'aimes pas beaucoup...

— Pas du tout.

— ... mais laisse-lui une chance !

— Tu te répètes, Frédéric. Tu m'as dit la même chose il n'y a pas une demi-heure.

Il se plante devant moi et commence à me parler doucement, comme si le moindre mot de travers pouvait me mettre en colère pour de bon. Je dois admettre que je ne me sens pas au meilleur de ma forme, ce soir. Cette Julia m'empoisonne l'existence même quand elle n'est pas là ! J'écoute Frédéric d'une oreille plutôt distraite. Ses arguments, je les connais. Oui, il faut faire attention à Julia parce que oui, on a besoin de quelqu'un à la batterie et que non, on n'a personne d'autre. Je sais, je sais, pas besoin que Frédéric me le répète vingt-cinq fois, ma conscience est déjà passée par là. Cela n'a pas donné grand-chose... Je n'aime pas Julia pour autant. J'imagine que je devrai apprendre à me contrôler.

— Bon, Max, si je me souviens bien, tu n'es pas ici pour me parler de Julia ! Si tu me montrais ton chef-d'œuvre ?

Parfait ! Je pourrai ainsi me concentrer sur autre chose. Je m'assois dans le divan. Frédéric aussi. Son épaule s'appuie de nouveau contre la mienne. Je repense aux paroles de Joëlle. Frédéric et moi ?... Non, il ne faut surtout pas que j'y croie. J'aurais l'air de quoi si ce n'était pas vrai ? Doucement, je me dégage. Frédéric, absorbé par sa lecture, ne s'en aperçoit même pas.

Dernière chance

J'avais tout misé sur toi
Ma vie, mes rêves, mes jours, mes nuits
Je ne pensais plus qu'à toi
T'as rien donné mais t'as tout pris

J'ai attendu si longtemps
J'ai espéré si souvent
Tu me racontais n'importe quoi
Je te croyais, j'avais confiance en toi

Je te laisserai une dernière chance
La dernière, puis je t'oublierai
Je me laisserai une dernière chance
Pour t'atteindre et te toucher
Et si je ne réussis pas
Avec ce nouveau départ

Je baisserai les bras
Je t'effacerai de ma mémoire
Si je ne réussis pas
Si je ne réussis pas.

J'ai la tête qui bourdonne
Rien qu'à penser à toi
J'ai le cœur qui frissonne
Quand je rêve de tes bras

J'avais tout misé sur toi
Ma vie, mes rêves, mes jours, mes nuits
Je ne pensais plus qu'à toi
T'as rien donné mais t'as tout pris

Je te laisserai une dernière chance
La dernière, puis je t'oublierai
Je me laisserai une dernière chance
Pour t'atteindre et te toucher
Et si je ne réussis pas
Avec ce nouveau départ
Je baisserai les bras
Je t'effacerai de ma mémoire
Si je ne réussis pas
Si je ne réussis pas.

Une dernière chance, une dernière fois
Pour reprendre ce que j'avais misé sur toi

Je ne sais pas si c'est à cause de ma nervosité, mais j'ai l'impression que Frédéric prend vraiment beaucoup de temps pour parcourir ces quelques lignes. Peut-être parce que ce n'est pas clair ? Ou parce qu'il les trouve affreuses et qu'il ne sait pas comment me le dire ? Ou... Mais non : il n'y a qu'à remarquer l'angle de son regard pour comprendre qu'il les a lues deux fois. Moi et ma manie de toujours m'inquiéter pour rien...

— C'est bon, Max. J'aime ça.

Je me sens rougir de plaisir. Il est vraiment sincère.

— Merci.

— Julia n'aura rien à redire là-dessus.

Oh ! elle... Fallait-il vraiment que Frédéric pense à elle maintenant ? Et pourtant, c'est un compliment qu'il vient de me faire là. Je me sens sur le point de fondre. Je détourne les yeux et baisse la tête.

— Je sais que tu n'aimes pas que je parle d'elle. Mais je veux t'en parler.

J'ai le cœur qui bat à mille pulsations à la minute. Du moins, c'est l'impression que j'ai. Si Frédéric me dit que Julia lui plaît, je crois que je vais crier. Il ajoute, de sa belle voix un peu grave :

— Je ne suis pas tout à fait stupide. Pas super intelligent mais pas stupide. Je sais ce qu'elle veut, Julia. Elle ne l'aura pas.

J'ai envie de crier quand même. De

soulagement, cette fois. Mais qu'est-ce qui m'arrive ?

— Max, tu m'écoutes ?

Une mèche de cheveux tombe juste à côté de mon œil. Frédéric la prend, la replace derrière mon oreille. Doucement. Le contact de ses doigts sur ma joue n'a duré qu'une fraction de seconde et pourtant... Deux mille pulsations à la minute.

Comme par réflexe, je relève brusquement la tête.

— Je ne me rappelle pas t'avoir vue aussi silencieuse, Max...

Je crois que Frédéric a déjà oublié son geste. Moi, j'y penserai encore dans vingt-cinq ans.

— Maxine ? Youhou, tu m'entends ?

Je me lève, arrache presque ma feuille de ses mains.

— Oui, heu, je vais retourner chez moi maintenant, il serait temps que j'aille me coucher.

— Déjà ? À huit heures et demie ?

— J'ai mal dormi la nuit passée, j'ai du sommeil à rattraper. Et je ne me sens pas bien.

C'est vrai, cette fois. Je souffre de détraquement cardiaque.

Une fois dehors, je prends une grande respiration. Ouf ! Il faisait chaud, tout à coup, chez les Gamache ! Les battements de mon cœur reprennent lentement un rythme plus normal. Quand je pense à Frédéric, à ses doigts sur ma peau... Voyons, Max, reviens-en ! D'accord, tu n'as pas souvent vécu ça, être touchée sur la joue par un garçon, mais quand même ! Ce n'est pas une raison pour t'emballer et perdre la tête ! J'essaie de me raisonner mais en vain. Je gagerais n'importe quoi que la scène va repasser dans ma tête toute la nuit. Si Joëlle m'entendait penser, elle me suggérerait de me trouver un chum au plus vite. Je ne pourrais pas dire qu'elle a tort... Je commence à avoir besoin d'affection... et ce n'est pas à Frédéric que je vais en demander. Jamais de la vie ! Une pareille tête de cochon !

CHAPITRE 6

Deux semaines se sont écoulées depuis l'arrivée de Julia et je n'ai pas encore réussi à l'accepter. Pire, je ne peux pas la sentir. Pour la première fois de ma vie, je déteste vraiment quelqu'un. Il y a déjà eu des gens que je n'aimais pas, mais elle... Martin et Joëlle ont aussi du mal à la supporter. Elle fait tout pour nous rabaisser. Il n'y a qu'avec Frédéric qu'elle se montre gentille. Alors, Frédéric la défend. Et elle le colle, ça devient écœurant ! Frédéric l'apprécie, on dirait. Toute cette attention le flatte. Mais nous, nous en avons assez. Nous profitons d'un après-midi où Julia n'a pas pu venir pour en discuter.

— Frédéric, on aimerait te parler de quelque chose.

— Julia, hein ? Max, je sais que tu ne l'aimes pas...

— ... mais donne-lui une chance, je sais,

Fred, tu me l'as répété trois cents fois. Je la lui ai donnée, sa chance, ça n'a pas marché.

Martin a des éclairs dans les yeux.

— Ça n'a pas marché avec moi non plus, Fred. Elle passe son temps à critiquer ma musique. Elle voudrait tout changer.

Joëlle, les bras croisés, ajoute avec une voix d'enfant boudeuse :

— Et moi, elle n'accepte pas ma façon de jouer. Ce que JE n'accepte pas, c'est son attitude.

— Calmez-vous, calmez-vous...

— Facile à dire ! Julia ne te fait rien de mal, à toi ! Elle te parle juste pour te flatter, te faire des compliments... Un peu plus et elle te dirait carrément que tu as de beaux yeux !

— Franchement, Max...

Joëlle décroise les bras pour apostropher son frère.

— Elle a raison. Es-tu aveugle ? J'ai de plus en plus l'impression que Julia vient uniquement parce que tu es là, pas pour la chanson. Et si Martin n'était pas mon chum, elle jouerait le même jeu avec lui.

Mon amie me regarde, hésite, puis continue :

— Elle s'aperçoit que certaines personnes ici détestent ça, alors elle insiste. Elle veut nous détruire, Fred, elle veut vraiment nous détruire.

— Joëlle ! Je savais que tu aimais voir des complications partout, mais il y a des limites !

Martin s'interpose. En tant que gars, il réussira peut-être plus facilement à convaincre notre récalcitrant.

— Elle n'invente pas, Fred. Max, Jo et moi, on en a parlé et on pense tous la même chose. Trois contre un... Il y a des chances que ce soit toi qui aies tort.

— On a besoin d'elle, gang. On n'a personne d'autre.

Soudain, j'allume. Comment ai-je pu oublier ? Je peux me montrer une parfaite idiote, des fois !

— Oui, on a quelqu'un d'autre.

Les trois paires d'yeux se braquent sur moi, deux avec espoir et une avec suspicion.

— David. David Lessard. Il sait jouer, il me l'a dit.

Joëlle, avec son impulsivité habituelle, saute sur l'occasion.

— On la remplace. On remplace Julia ! Appelle David tout de suite, Max !

Frédéric tente, sans grand succès, de refroidir l'ardeur de sa sœur :

— Attendez, attendez ! Le concours est dans cinq semaines et vous voulez embarquer quelqu'un de nouveau maintenant ?

Moi, en tout cas, il ne me fera pas

changer d'idée. Je lance, la voix pleine de défi :

— Si on garde Julia, il n'y aura pas de concours pour moi. Si elle reste, je pars.

Joëlle ajoute :

— Et si Max part, je pars aussi.

Martin hausse les épaules.

— Et si les filles débarquent... À nous deux, on ne fera pas grand-chose, Frédéric.

Frédéric est acculé au pied du mur. Il n'aime pas ça. Oh ! non, il n'aime pas ça ! Il nous regarde l'un après l'autre.

— J'avoue qu'elle m'énerve, des fois...

Frédéric a le plus beau sourire du monde, surtout quand il nous l'adresse après un silence annonciateur de tempête.

Je monte à la cuisine pour téléphoner à David.

▲ ▲ ▲

David n'a pas attendu de nous avoir écoutés pour accepter. Il a dit oui tout de suite, et avec enthousiasme. Dès la première occasion, soit le lendemain de mon appel, il déménage son bagage. Si ce n'avait été que de moi, Julia aurait tout remballé elle-même, toute seule, et je l'aurais laissée se débrouiller avec ses problèmes de transport. Heureusement pour elle, Martin et Frédéric se montrent plus civilisés que moi et l'aident à transporter son bazar jusqu'à son auto. Au moins, Frédéric ne pousse pas la politesse jusqu'à la reconduire.

David, Joëlle et moi regardons le branle-bas. Juste avant de partir, Julia s'adresse à Frédéric. Uniquement à Frédéric. Elle ne nous a pas regardés une seule fois.

— Je t'appellerai, Fred.

— Premièrement, Fred, c'est pour mes amis. Deuxièmement, disons que pour toi, j'ai déménagé, O.K. ? Donc, tu n'as pas mon numéro de téléphone. C'est clair ?

Les yeux de Julia lancent des éclairs. Les miens rayonnent, j'en suis sûre. Je savais bien que Frédéric ne se ferait pas avoir.

Cette fois, Julia regarde tout le monde.

— Vous allez me le payer, je vous le jure. Vous allez me le payer.

Sa menace me fait sourire. Elle nous oubliera vite, la belle indépendante. Dès qu'elle aura trouvé un autre souffre-douleur, nous n'existerons plus pour elle. Qui croit-elle effrayer ? Loin d'avoir peur, nous la regardons s'éloigner avec un soulagement visible, du moins pour Martin, Joëlle et moi : Frédéric me tourne le dos, les mains dans les poches, et je ne peux pas voir son visage. De toute façon, Frédéric, on ne peut jamais deviner ce qu'il ressent.

Une fois Julia disparue au coin de la rue, Joëlle se dirige vers la porte.

— Bon débarras !

Je le pensais mais je ne le disais pas. En fait, je n'ose pas dire un mot pour le moment. Pourtant, je suis avec des gens que je connais, des amis... L'attitude de Frédéric me bloque. Il reste muet et, surtout, il fait bien attention de ne pas regarder David. Il faudra que je lui en parle.

Jouer avec David après avoir subi le traitement Julia pendant aussi longtemps (deux semaines : une éternité), cela ressemble au paradis. David est efficace et, je dois l'avouer, impressionnant. Il apprend incroyablement vite. Si Julia a tout de suite provoqué l'antipathie, David, lui, gagne immédiatement nos cœurs. Sauf celui de Frédéric. Mais lui, avec ses sautes d'humeur, impossible de savoir s'il est bougonneux pour une raison particulière ou juste parce qu'il en a envie. Martin, pour sa part, rayonne. Il rayonne vraiment. Il parle d'une voix tout excitée :

— Bon, assez pour aujourd'hui. Merci de nous dépanner, David.

— C'est moi qui vous remercie. Maxine m'avait tellement parlé de vous autres, j'aurais donné n'importe quoi pour embarquer dans le groupe.

— Tu en fais partie, maintenant ! La prochaine répétition aura lieu lundi. On a décidé de se donner congé en fin de semaine.

Martin a à peine fini sa phrase que Joëlle me demande :

— Es-tu à pied, Max ?

Quelle question ! Elle sait que je me déplace toujours à pied !

— Oui, pourquoi ?

Frédéric la devance :

— J'ai l'auto, veux-tu que je te raccompagne ?

Joëlle répond à ma place :

— Non merci, Fred, je vais marcher avec elle.

— Je posais la question à Maxine, pas à toi !

Bon, les voilà repartis. Il vaut mieux que je les arrête avant que cela empire.

— Merci, Frédéric, mais je vais marcher. Il fait beau et...

J'allais dire : « Joëlle a l'air de vouloir me parler », mais je me retiens. Avec sa mauvaise humeur des derniers jours, il penserait probablement qu'on veut dire du mal de lui dans son dos.

— ... et j'ai besoin de prendre l'air.

— Ah !

Il hésite puis, presque à contrecœur, offre à David de le reconduire. David, lui, accepte. Nous partons donc chacun de notre côté. Entre Joëlle et moi, le silence règne pendant deux minutes, puis mon amie se décide.

— Max... fais attention.

— Attention ? À quoi ?

— À Frédéric. Frédéric et son orgueil. Tu le connais...

Je ne comprends pas un mot de ce qu'elle raconte et je le lui indique. Elle lève les yeux au ciel.

— Je t'en ai déjà parlé, mais tu ne m'as pas crue. Évidemment, personne ne me croit, vous dites tous que j'invente même si j'avais raison pour David.

Plus elle parle, plus cela se complique. Elle continue :

— David n'a plus de blonde. Il ne sort plus avec Natacha.

— Je ne vois pas le rapport avec Frédéric...

— Parce que tu ne veux pas le voir. Pourtant, si tu t'ouvrais les yeux, tu aurais des surprises. Frédéric m'étriperait s'il m'entendait, mais je crois qu'il s'intéresse à toi.

— Arrête, tu fabules encore...

Joëlle s'arrête et me regarde droit dans les yeux.

— Écoute-moi, pour une fois ! Frédéric s'intéresse à toi, que tu le veuilles ou non.

Tant que David avait une blonde, ça l'arrangeait, Fred, parce que comme ça personne ne te tournait autour. Mais là... Tu crois peut-être qu'il était insupportable pour rien, aujourd'hui ? Voyons donc ! Il sait que tu trouves David de ton goût, il sait que tu le connais depuis longtemps, que tu es pas mal amie avec lui, et maintenant, en plus, David va passer son temps avec nous autres ! Si tu penses que Frédéric va se laisser faire sans rien dire, et avec le sourire par-dessus le marché, tu te trompes royalement !

Joëlle soupire, puis reprend d'un ton un peu plus calme :

— Tu ne connais pas Frédéric quand il se met en colère. Il devient quelqu'un d'autre. Il peut faire des gestes dont tu ne le croirais jamais capable... Et quand quelqu'un le rend jaloux, c'est encore pire.

J'hésite à la croire. Je ne demande pas mieux, cela me flatterait, mais j'ai peur de m'exposer à une grande déception.

— Es-tu sûre de ce que tu avances, Joëlle ? Sinon, imagine que j'embarque dans ton histoire et qu'on s'aperçoive plus tard que tu te trompais du début à la fin... Catastrophe en perspective ! Me vois-tu délaisser David, lui dire que je ne veux plus rien savoir de lui, pour me jeter sur Frédéric et me rendre compte qu'il ne pense pas du tout comme tu crois ? On pourrait dire adieu à l'esprit de groupe !

Joëlle se remet à marcher tranquillement.

— Tu manques de confiance en toi, ça t'empêche de voir clair. Il y a plein de gars prêts à t'aimer, mais tu ne leur laisses pas une chance. En tout cas, il y en a deux qui vont faire l'impossible pour que tu les remarques. Ça va être la guerre, Max, et franchement j'aimerais mieux ne pas voir ça. Malheureusement, je n'aurai pas le choix, maintenant que David fait partie du groupe. Réagis, tu ne peux pas les laisser se chamailler indéfiniment ! Choisis-en un tout de suite, qu'on en finisse !

Même si Joëlle ne m'a pas encore convaincue, ses arguments me portent à réfléchir. Et s'il y avait du vrai dans ce qu'elle raconte ? Se pourrait-il vraiment que Frédéric me voie autrement que comme l'amie de sa sœur ? L'autre soir, quand je l'ai présenté aux Tremblay en tant que « frère de Joëlle », il s'est presque fâché. S'attendait-il à autre chose ? Je murmure à Joëlle que si les gars n'existaient pas, la vie serait bien moins compliquée. Elle réplique en souriant que si les gars disparaissaient, la vie deviendrait pas mal moins intéressante... Belle philosophie, mais qui ne m'avance pas à grand-chose !

Que faire, que faire ? Joëlle m'effraie presque. Je croyais que ce genre de choses n'arrivait qu'à elle ou à des personnages de cinéma. Pourtant, je commence, de façon très confuse, à croire qu'elle pourrait avoir raison.

— On a renvoyé Julia parce qu'on la trouvait dangereuse pour l'esprit de groupe. Au fond, tu es peut-être pire qu'elle, Max. Fais attention, s'il te plaît.

▲ ▲ ▲

Trois semaines avant le concours. Exactement vingt et un jours. Je commence déjà à me sentir nerveuse. Nous avons terminé la chanson, il ne nous reste plus qu'à la jouer et à la rejouer jusqu'à ce que les doigts des musiciens bougent tout seuls et que je puisse la chanter en dormant. J'exagère, d'accord, mais j'ai l'impression que si on s'exerce moins que ça, je vais manquer de préparation. Voilà pourquoi nous répétons aujourd'hui, malgré le beau temps. Nous connaissons une fin de novembre exceptionnelle. Malheureusement, au sous-sol chez Martin, l'atmosphère tend plutôt à l'orage. Frédéric devient de plus en plus impossible.

— Max, arrête ça, veux-tu ?

— Arrêter quoi ?

— Tu tournes en rond depuis une demi-heure, je vais finir par avoir mal à la tête.

Joëlle lance à son frère un coup d'œil meurtrier qu'il ne voit pas. La langue lui brûle, mais elle ne dira rien. Depuis quelques jours, Frédéric perd patience pour des bagatelles.

David ne dit pas un mot non plus, mais cela n'a rien d'inhabituel. Frédéric et lui ne se parlent jamais ou presque. Quant à Martin, il ne remarque plus ce qui se passe, et depuis un bon moment déjà. Il a atteint le septième ciel et il y reste. La musique, c'est sa vie. Il est devenu sourd et aveugle à tout ce qui ne concerne pas la chanson. C'est un miracle qu'il n'ait pas commencé à délaisser Joëlle.

— Maxine, ta voix ne porte pas assez. Force-toi un peu, on dirait que tu penses à autre chose. Concentre-toi ! Et il faudrait que tu montres plus d'assurance. Tu donnes l'impression que tu as peur d'oublier les paroles.

— D'accord, Fred.

Je n'ose pas le contrarier. Il pourrait me sauter dessus, pour autant que je sache.

— Martin, tu devrais bouger un peu moins, tu attires toute l'attention.

Il a même trouvé un défaut à Martin !

— Martin ! Tu m'écoutes ?

— Quoi ?

— J'ai dit que tu devrais bouger moins.

Martin réagit à peine avec un « Ah » détaché et retourne dans son monde. Le chanceux, il n'entendra pas Frédéric bougonner après tout le monde.

— Joëlle, joue moins fort, tu enterres Maxine. Contrôle-toi, on dirait un enfant qui découvre un piano.

Mon impétueuse amie en tremble. Elle réussit pourtant à se taire.

— David.

Seigneur !

— Reprends donc le refrain.

David s'exécute.

— Non ! Non, ça n'a aucun bon sens ! Je croyais que tu avais compris, la dernière fois ! Écoute...

Il frappe dans ses mains pour montrer ce qu'il veut. Comme si la musique venait de lui ! C'est pourtant Martin qui l'a composée !

— J'ai fait exactement ça, Frédéric.

— Non !

— Oui !

J'en ai déjà assez d'écouter le frère et la sœur se chamailler, je ne commencerai pas à endurer les chicanes de gars en plus. J'implore David :

— David, pourrais-tu le rejouer juste une fois ? S'il te plaît ?

Il a compris. Il rejoue. Frédéric soupire.

— Il reste encore beaucoup de points à éclaircir. Ah ! il y a des fois où je me demande comment on a pu laisser partir Julia. Elle la savait, elle, la musique...

Joëlle s'est retenue assez longtemps. Elle explose :

— Et moi, je me demande comment on réussit à te supporter ! Tu ne fais que nous critiquer et nous rabaisser, tu perds patience, tu piques des crises, on ne sait plus comment agir pour que tu sois content et que tu te la fermes ! Tu me tombes drôlement sur les nerfs depuis un bout de temps, Frédéric !

En entendant sa blonde crier, Martin se réveille enfin.

— Heu, gang, je pense que ça va être assez pour aujourd'hui.

Personne ne proteste. Nous sommes trop contents de nous échapper d'ici. L'atmosphère devenait irrespirable.

Je sors de la maison en même temps que David. Il m'emboîte le pas en suggérant qu'on marche un bout de chemin ensemble. J'accepte, contente de ne pas rester toute seule à ruminer la dernière crise de Frédéric.

Après un court silence, David finit par demander :

— Dis-moi, je me fais des idées ou

Frédéric m'en veut ?

Oups ! Nous nous engageons sur un terrain glissant.

— Frédéric, on ne sait jamais ce qu'il a dans la tête. Peut-être qu'il traverse une mauvaise passe. Si tu as remarqué, il crie après tout le monde ces temps-ci, pas juste après toi.

— Oui, mais sais-tu quoi ? J'ai l'impression qu'il vous critique juste pour se donner le… le droit de me tomber dessus après. Juste un prétexte, tu comprends ?

Oh ! oui, je comprends, c'est exactement l'impression que j'ai moi aussi. Je n'irai tout de même pas confirmer à David qu'en effet Frédéric a une dent contre lui…

— Ne pense pas à ça. Frédéric est… bizarre. Il ne ressemble pas à l'idée qu'on se fait généralement des gars.

— C'est quoi, l'idée qu'on se fait généralement des gars ?

— Eh bien… Une fois, Frédéric m'a dit que les filles gardent tout en dedans jusqu'à ce que ça explose. Les gars, on s'attend à ce qu'ils sortent toujours ce qu'ils ont sur le cœur au moment où ça arrive. On s'attend à ce que tout soit clair avec vous autres. Moi, plus je connais les gars, moins je les comprends. Frédéric trouve que les filles sont compliquées. Franchement, vous n'êtes pas beaucoup mieux.

— Autrement dit, tu crois que les gars n'ont pas de secret ?

— Oui, d'une certaine manière.

— Il t'en reste beaucoup à apprendre, Max.

Je ne cherche pas à approfondir sa phrase, pleine de sous-entendus. Les choses sont déjà assez compliquées, si en plus je commence à chercher le sens caché des paroles de David, je n'ai pas fini de me creuser la tête !

— Max, tu te rappelles la fois où je t'ai appris que je sortais avec Natacha ?

— Oui...

— Tu venais de me demander si je voulais aller au cinéma avec toi.

Je rougis. Je n'ai pas honte de mon comportement, mais cela me gêne terriblement quand j'y repense. Il faut un certain courage pour faire le premier pas, et quand on se plante, son courage, on le ravale du coup... Je réponds quand même bravement :

— Oui, je me rappelle.

— L'invitation tient toujours ?

— Pardon ?

— Je te demande si l'invitation tient toujours. Il y a un nouveau film qui vient de sortir, super bon d'après les critiques. J'irais si tu venais aussi... Tu veux ?

Je réussis à bredouiller un oui à peu près

acceptable, pas trop imbécile, j'espère.

— Demain soir, sept heures et quart, je passe chez vous ? Le film commence à huit heures.

— Parfait, je t'attendrai.

— À demain, alors !

Il y a quelques mois, j'aurais été surexcitée, j'aurais sauté de joie, je me serais jetée sur le téléphone en arrivant chez moi pour communiquer la grande nouvelle à Joëlle et m'extasier avec elle pendant une heure. Aujourd'hui, c'est à peine si j'ai hâte. J'ai bégayé, oui, mais seulement à cause de la surprise. Je ne m'attendais vraiment pas à une telle invitation ! Cependant, mon rythme cardiaque est resté normal, je n'ai pas le dos en sueur ni les mains moites, rien de tout ce qu'une fille doit ressentir quand elle se fait inviter au cinéma par un gars qu'elle aime bien. Je n'ai même pas ressenti un petit frisson d'excitation. Juste une certaine... perplexité. Il y a quelque chose qui ne tourne pas rond quelque part. On dirait même que j'ai peur... Mais de quoi ?

▲ ▲ ▲

Le lendemain, à dix-neuf heures quinze très exactement, la sonnette d'entrée retentit dans toute la maison.

— Je réponds !

Je cours jusqu'à la porte pour ouvrir à David.

— Es-tu prête ?

— Oui oui, on s'en va.

Je me retourne sur le seuil, crie : « Salut, tout le monde, je m'en vais voir un film ! » et ferme la porte. David ne bouge pas, un peu mal à l'aise.

— Pourquoi es-tu sortie si vite ? Y avait pas le feu ! As-tu honte de moi ou quoi ?

— Hein ? Non, jamais de la vie !

Moi, avoir honte d'un beau blond aux yeux bleus comme David ? Les trois quarts des filles de l'école seraient malades de jalousie si elles me voyaient avec lui. Alors, avoir honte...

— Non, mais je ne voulais pas que mon père te voie. Il m'aurait agacée toute la semaine avec des farces plates. La dernière fois que je suis sortie avec un gars, j'en ai entendu parler pendant un mois. Mon père, dès qu'il me voit avec un garçon, il croit que je suis amoureuse. Il me fait enrager pendant un bout de temps et quand il est tanné, il essaie de me convaincre par tous les moyens que ce gars-là n'est pas pour moi. Alors, tu comprends, j'essaie d'éviter toutes ces histoires le plus possible.

— Pas drôle d'être fille unique, hein ?

— Bof, s'il en avait douze, je pense

qu'il agirait de la même façon. Pourquoi tu dis ça ?

— Moi aussi, je suis enfant unique. Je me trouve un peu dans la même situation que toi : ma mère me traite comme un bébé. Elle veut toujours tout contrôler. Aussitôt que j'ai une blonde, elle lui cherche des défauts. Elle voudrait que je déniche une fille parfaite. Comme si ça existait ! Elle va vraiment loin, des fois. Natacha, par exemple : d'après ma mère, elle se maquillait trop. À entendre ma chère maman, il s'agissait du pire défaut au monde !

David a une façon de raconter les choses qui me fait rire à tous coups. Il ne parle pas seulement avec ses mots et sa voix, mais aussi avec son visage et même avec tout son corps.

Nous marchons jusqu'au cinéma.

— Dommage que je n'aie pas encore mon permis. On aurait pu se rendre là-bas en auto.

— Pas grave. Il fait beau, ça ne nous fera pas de mal de marcher. Et on peut parler plus longtemps. Tout le monde dit que les filles sont des placoteuses, non ?

— Dans la vie, Max, il ne faut pas trop s'attarder à « ce que tout le monde dit ».

— D'accord, mais les filles aiment quand même placoter. En tout cas, c'est vrai pour les filles que je connais. Si tu nous entendais... On en raconte de toutes les couleurs sur les gars ! Souvent, vous agissez en imbéciles et on ne se gêne pas pour le dire entre nous...

— Vous avez une belle opinion de nous autres !

— ... mais des fois, on réussit à vous trouver des qualités. Tous les gars ne sont pas des imbéciles. Il y a des gars plus drôles, plus beaux, plus intelligents...

— Comme moi !

— Oui, comme toi, monsieur Modestie. On n'est pas méchantes, dans le fond. Juste curieuses de savoir si nos amies pensent comme nous.

— Ça arrive que tes amies ne pensent pas comme toi ?

— Non. Oui. Ça dépend... Les filles qui me parlent cinq minutes par semaine, celles-là, je ne peux pas m'attendre à ce qu'elles aient toujours les mêmes idées que moi. Mais Joëlle, elle partage toujours mon opinion. Ou presque. Et on se parle tout le temps.

— C'est bien d'avoir une amie comme ça.

— Oui, sauf que depuis qu'elle sort avec Martin, on ne se voit presque plus... Et quand elle me téléphone, elle me parle juste de son chum ou de la chanson.

Comme si le reste n'existait pas. Je reste sur ma faim, des fois !

— Tu peux toujours m'appeler, si tu veux.

Je lui souris. Sa suggestion me fait chaud au cœur mais, avec lui, ce ne serait pas pareil. Il y a des choses qu'on ne peut tout simplement pas confier à un gars. Surtout quand nos interrogations concernent le gars en question... Je n'irai quand même pas avouer à David que c'est de lui que je parle la moitié du temps !

Nous arrivons au cinéma. Plantés devant l'affiche de notre film, nous en scrutons tous les détails sans nous décider à entrer. Il fait si beau dehors, et je suis bien avec David, à lui parler, à l'écouter... Un peu comme le soir où Frédéric était venu chez les Tremblay. Cette soirée me paraît si loin... Un mois déjà !

— Tiens-tu vraiment à le voir ce soir, le film ?

— Non. Pas du tout.

Nous recommençons à marcher. Soudain, j'ai épuisé tout ce que j'avais à dire. David aussi. Le silence qui nous enveloppe n'est pas oppressant, il n'a rien de ces silences qu'on cherche à briser à tout prix, qu'on remplit avec des stupidités sans queue ni tête. Je dirais plutôt qu'il nous rapproche. Nous marchons longtemps comme ça, sans dire un mot. Une demi-heure peut-être. Je sais que Joëlle ne me croira pas quand je lui raconterai ma soirée, mais nous passons vraiment une demi-heure sans prononcer un son. Puis David recommence à parler :

— Max, je sais que Frédéric ne m'aime pas. Ça ne sert à rien de me dire le contraire. Tu me le caches pour ne pas me faire de peine, mais je le sais. Je crois que j'ai deviné pourquoi aussi...

David a la voix douce quand il veut. Il n'y a rien de pire qu'une voix douce pour accélérer les battements d'un cœur.

— Dis-moi si je me trompe mais... il m'en veut, c'est ça ? Il m'en veut parce que je te connais depuis plus longtemps que lui, parce que je partage plus de souvenirs avec toi, parce que je te vois tous les jours à l'école depuis trois ans... Il m'en veut parce que j'ai de l'avance sur lui, parce que... parce que c'est plus facile pour moi de... de t'approcher et... heu... de t'avouer comment je me sens par rapport à toi... Je me trompe ?

— Tu connais les gars mieux que moi, David.

— Je crois que c'est ça. Il a peur que je sois plus rapide que lui. Veux-tu que je te dise ? Il a raison. Parce que moi, ce soir, je me décide.

Les yeux bleus de David, si doux, me donnent envie de pleurer. Pourquoi ?

— David, je... j'ai...

Je ne sais pas comment lui expliquer qu'il y a des mois que je rêve de l'entendre me parler de cette façon-là, avec sa voix de caresses et ses yeux tendres. Je ne sais pas comment lui faire comprendre à quel point il m'a blessée, souvent, chaque fois qu'il me donnait l'impression qu'il ne voyait en moi qu'un livre de maths ou de chimie.

Et, surtout, je ne sais pas comment lui dire que je n'ai plus envie de lui.

Je ne le savais pas. Je viens seulement de le découvrir.

Il me prend dans ses bras, m'embrasse, me serre. Très fort. Comme s'il avait attendu longtemps, lui aussi. Chaque fois que j'ai imaginé ce moment, les milliers de fois où j'ai vu en rêve ses lèvres se souder aux miennes, je sentais des feux d'artifice éclater dans ma poitrine. Le rêve était beaucoup mieux que la réalité. Son baiser n'allume même pas une petite bougie vacillante en moi. C'est agréable, sans plus. Cela me déçoit terriblement. J'ai attendu si longtemps...

David ne se rend compte de rien. Heureusement, il ne lit pas dans mes pensées. Heureusement ? Et s'il savait la vérité, s'il savait que je l'aime beaucoup comme ami mais que je ne l'aime pas tout court, que je ne l'aime plus tout court ? Ne serait-ce pas préférable ? Je ne pourrai jamais me décider à le lui dire moi-même. J'aimerais qu'il devine. Mais il ne devine pas.

Nous reprenons notre marche, le bras de David autour de mes épaules. Malgré sa chaleur, je ne peux m'empêcher de frissonner.

CHAPITRE 7

Depuis le baiser de David, hier soir, j'ai la tête qui bourdonne. Je ne sais plus ce que je veux. On dirait que l'attente valait mieux que ce qui se trouvait au bout. Je n'ai vraiment plus le goût d'être la blonde de David. Malheureusement, ses désirs à lui n'ont pas changé : si je le regardais plus attentivement, si je l'écoutais mieux, je découvrirais sûrement un garçon assez amoureux de moi. Joëlle le prétend, en tout cas. Cela m'effraie. Je ne veux pas qu'il m'aime parce que je sais que je vais lui faire de la peine. Je devrai bien un jour lui avouer que tout n'est plus comme avant... Il aura surtout mal en apprenant que je ne sais pas moi-même pourquoi j'ai changé. Si au moins j'avais une petite idée, je me sentirais probablement un peu mieux. Je l'admets, j'ai l'impression de me rendre coupable d'un crime horrible :

celui d'écorcher la fierté et le cœur d'un garçon à qui je tiens beaucoup, même si je ne l'aime pas autant que lui le voudrait.

Le téléphone sonne.

— Allô ?

— Max ? C'est Joëlle. Qu'est-ce que tu faisais ?

Je broyais du noir. Je me posais des questions impossibles. Je me demandais pourquoi la vie se montre si décevante, des fois.

— Rien, pourquoi ?

— On a loué un film, si tu veux venir...

— Bonne idée, ça me ferait du bien de changer d'air.

— Pourquoi ? Quelque chose ne va pas ?

— Non, non. Je t'en reparlerai, d'accord ?

Je n'ai pas envie de lui déballer mes problèmes de cœur tout de suite. Pas au téléphone, en tout cas. Comme si elle avait deviné, Joëlle me demande si je vais emmener David avec moi. Oh non ! Je m'en vais justement pour qu'il ne puisse pas me rejoindre... Je l'ai vu environ deux heures cet après-midi et j'ai trouvé le temps assez long merci. Il a bien dû s'apercevoir que je n'agissais pas tellement comme une fille passionnément amoureuse : je l'ai embrassé seulement en arrivant puis en repartant. Entre les deux, c'est à peine si je lui ai permis de me toucher.

Joëlle insiste :

— Tu vas le laisser passer la soirée tout seul ? Maxine !

— Écoute, Joëlle Gamache, c'est pas parce que tu colles ton chum vingt-quatre heures par jour que tu peux m'obliger à faire pareil ! Laissez-moi respirer un peu !

— J'ai hâte de te parler en face, toi. Il y a quelque chose qui ne va pas.

Il y a quelque chose qui m'écrase, oui. À bien y penser, j'ai hâte d'en discuter avec Joëlle. Je me sentirai mieux après. Je sais qu'elle m'écoutera comme j'aime qu'elle m'écoute, sans poser trop de questions et sans porter de jugement. Elle me connaît depuis si longtemps, elle m'a tellement entendue raconter mes rêves, mes espoirs et mes désenchantements que je peux lui dire tout ce que je veux, comme je le veux. Je ne trouverai jamais de meilleure confidente qu'elle.

— Jo, je t'adore.

— Moi aussi, je t'adore, Max. Maintenant, grouille-toi, on t'attend.

Je me suis grouillée. Frédéric, Martin et Joëlle ont patienté à peine dix minutes. C'est Joëlle qui vient m'ouvrir, avec un sourire tellement grand que j'en reste surprise.

— Qu'est-ce qui se passe, Joëlle, tu

viens de gagner le million ou quoi ?

— Mais non, on est juste de bonne humeur. Ça nous arrive, tu sais !

Elle ajoute tout bas :

— Frédéric a l'air plutôt content que David ne vienne pas.

La sensation de malaise revient. Joëlle s'en aperçoit.

— Excuse-moi, je n'aurais pas dû dire ça.

— C'est correct, Jo. Je te raconterai tout plus tard.

Frédéric me sourit quand j'entre au salon. Il y avait une éternité que cela n'était pas arrivé, et je trouve son sourire encore plus beau qu'avant. Frédéric de bonne humeur, ça me fait du bien. Je me sens un peu mieux. Martin aussi me sourit, mais Martin sourit toujours à tout le monde. Nous nous installons tous les quatre dans le grand divan. Nous y sommes un peu tassés, mais je ne m'en plaindrai pas. Tout a commencé comme ça, avec nous quatre dans le salon, en train de regarder le vidéo de Martin et de Frédéric. David s'est ajouté plus tard. Julia, on n'en parle pas : elle n'a jamais fait partie de la famille. Et David ? Ne le considère-t-on pas encore comme un étranger ? Tant que tout le monde ne l'a pas accepté, peut-on dire qu'il est membre à part entière du groupe, au même titre que Martin, Joëlle, Frédéric et moi ? Non, je crois que David restera toujours un peu à l'écart. Il n'a pas assisté à l'enregistrement de la première chanson, celle qui a servi pour la chorégraphie. Il n'a pas connu avec nous nos premiers coups de cœur. Il n'a pas participé au choix du nom de notre groupe. Moi non plus d'ailleurs, mais j'avais quand même mon mot à dire. D'un autre côté, c'est lui qui nous a appris l'existence du concours... Mais il ne partage pas l'atmosphère amicale et chaude qui nous enveloppe ce soir. C'est le bras de Frédéric qui m'entoure, pas celui de David. Si je ne me retenais pas, je poserais ma tête sur l'épaule qui me frôle, et cette épaule n'appartient pas à celui qui devrait partager ma soirée...

Je manque de concentration pour vraiment apprécier le film. Le bras de Frédéric vole presque toute mon attention. Si ça continue, je vais perdre la tête. Je me penche vers l'avant pour me dégager. Je dois avoir l'air folle, ce n'est même pas un moment intéressant dans le film. Tant pis. Ils penseront ce qu'ils voudront, j'aurai la conscience tranquille. Frédéric ne pourra pas dire que je l'ai encouragé.

Si j'avais su ce qui m'attendait, je n'aurais pas bougé.

Je sens Frédéric hésiter. Je l'entends presque penser : « J'ose, je n'ose pas... » Il choisit d'oser. Il pose sa main dans mon dos. Doucement, très doucement, comme s'il ne voulait pas que j'en aie conscience. Pourtant, tout mon corps se tend sous cette main-là. Elle monte jusqu'à mon cou, de moins en moins légère, de plus en plus présente. J'ai chaud. Je sens tous mes muscles tendus, comme ceux d'une bête traquée, d'un animal qui sent le piège se refermer sur lui. Et quand le bout de ses doigts atteint enfin ma peau nue, je bondis hors du divan.

Joëlle et Martin me regardent, surpris. Il y a de quoi. Frédéric donne l'impression d'être captivé par le film, mais il ne m'aura pas. Il ne me fera pas croire qu'il le suit depuis le début. Il en a manqué au moins la moitié, j'en mettrais ma tête à couper. Je ne vois pas tellement son visage à cause de la noirceur, mais je devine qu'il rougit. Et moi dans tout ça ? Debout devant tout le monde, je dois sortir quelque chose pour me justifier, mais quoi ?

— J'ai soif. Je vais chercher un verre d'eau.

Je disparais le plus vite possible. En arrivant à la cuisine, je m'aperçois que je tremble. J'ai à peine le temps de me sermonner intérieurement pour me calmer que Frédéric surgit à son tour. Je sursaute. Il va m'avoir à l'usure ! Je ne sais pas si ce sera par une crise de nerfs ou une crise de cœur, mais il va finir par avoir ma peau un de ces jours...

— Excuse-moi, je t'ai fait peur ?

— Non, mais je ne t'avais pas entendu arriver. Et le film...

— C'est une comédie, Max, il n'y a pas de quoi t'énerver.

Il a l'air de s'amuser, le bandit. Moi, je fonds. Je n'ai jamais été aussi gênée de ma vie. Comme je ne sais pas quoi répliquer, je me verse un grand verre d'eau et je l'avale d'une traite. J'ai déjà avancé de deux pas pour repartir vers le salon quand Frédéric m'arrête.

— Maxine... J'aimerais te parler.

J'ai une boule dans la gorge. Une énorme bombe qui menace d'exploser d'une seconde à l'autre. Je reviens quand même vers Frédéric.

— Je t'écoute.

Il s'appuie au comptoir et commence à me parler en me regardant droit dans les yeux, sans sourire.

— À propos de Julia. Et de David.

David ? A-t-il appris ce qui s'est passé hier ? Est-ce que Joëlle...

— D'abord, Julia. Tu n'avais pas besoin d'être jalouse, Max. Non, ne dis rien, écoute-moi. S'il te plaît. Tu n'avais pas besoin d'être jalouse. Je ne la portais pas dans mon cœur, pas plus que vous autres, mais on ne connaissait personne d'autre, ça la rendait quasiment irremplaçable. Comme elle se laissait amadouer par moi, et par personne d'autre, je me suis... sacrifié. Je sais ce que tu penses, tu te dis que, comme sacrifice, ça n'avait rien de tellement horrible, mais quand même, j'ai eu peur. J'ai eu peur que tu ne comprennes pas et que tu m'en veuilles. Je pense que j'avais un peu raison de m'inquiéter, non ?

Je hoche la tête, légèrement honteuse. Frédéric devine tout ce que je pense. Comment peut-il voir aussi clair en moi ? Il faut vraiment qu'il me connaisse bien pour me comprendre à ce point.

— Ce n'est pas grave, Max, tu ne pouvais pas savoir. Je voulais te le dire, pour que tu ne me prennes pas pour... je ne sais pas, moi, pour un imbécile qui ne cherche que des filles qui le flattent. Enfin, tu comprends ?

Encore une fois, je fais oui de la tête en silence. J'ai perdu la voix, je crois. En même temps que j'ai perdu le contrôle sur mon cœur.

— Et il y a une autre chose que je voudrais que tu saches. À propos de David.

Il s'approche. Beaucoup. Sa chaleur

m'enveloppe. Ses yeux noirs aussi.

— Maxine, tu ne veux pas admettre que tu as été jalouse de Julia. Je ne te blâme pas, tu dois te dire qu'un gars comme moi n'en vaut pas la peine. Je ne suis pas aussi beau que David, je n'ai pas autant de talent que Martin, les filles ne se jetteront jamais dans mes bras à la dizaine comme elles font avec eux... Peut-être que tu n'en avais même pas conscience, de ta jalousie. Je vais t'avouer quelque chose : j'ai conscience, moi, d'être jaloux de David. Très jaloux. J'ai peur qu'il se passe quelque chose entre vous deux avant que je tente ma chance.

Trop tard, Frédéric. J'aurais envie de le lui crier. Je reste muette. Je suis hypnotisée. J'en veux à Joëlle de ne pas avoir parlé à son frère de David et de moi. Nous aurions pu éviter bien des ennuis.

— Je suis jaloux parce que tu as une façon spéciale de le regarder, de lui sourire, de l'écouter, une façon différente de celle dont tu me regardes, me souris et m'écoutes. Tu le connais depuis longtemps. Ça crée une complicité, le temps. Moi aussi, je croyais que j'avais une certaine complicité avec toi. Une complicité qui dépassait la musique, qui allait beaucoup plus loin, qui me permettait de te dire n'importe quoi... J'essayais de me dépêcher à la bâtir avant que David vienne tout défaire. Je croyais que j'avais réussi. Je croyais que tu m'aimais aussi... au moins un peu.

Il a dit : « que tu m'aimais aussi ». Aussi. Je n'ai retenu que ce bout de phrase-là : « Je croyais que tu m'aimais aussi... »

— Frédéric. Frédéric, je...

Il a un beau sourire, je me répète, mais il n'a jamais été aussi beau, aussi cruellement beau que maintenant, sans sourire, avec son air sérieux, son air d'attente, et avec ses yeux de nuit semés d'étoiles et de douceur.

— Je n'aime pas que tu dises que tu n'en vaux pas la peine. Tes yeux sont beaux, plus que tu ne le crois, et ils parlent tellement bien, mieux que des mots parfois... Comme maintenant... Et j'envie ta franchise, ta détermination, ta générosité... Je t'admire, Frédéric. Plus que n'importe qui d'autre.

Je voudrais lui dire « Je t'aime », mais je ne suis pas certaine que ce soit vrai. D'accord, il y a l'attraction physique, avec les étincelles et les volcans qui ne demandent qu'à entrer en éruption, mais je veux plus que ça, il faut plus pour qu'on puisse parler d'amour... Les étincelles, les volcans, ils existaient aussi avec David, avant. Maintenant, il ne reste plus rien. Même pas des cendres. Je ne veux pas que cela arrive avec Frédéric.

— Et Julia... Julia, oui, j'étais jalouse. Je trouvais que tu faisais trop attention à elle et pas assez à moi. Et tu as raison, je ne voulais pas me l'avouer, mais j'avais peur de te perdre. Surtout pour elle. J'avais peur. Et pour ce que tu as dit sur la complicité... Oui, Frédéric, tu as réussi. Peut-être même mieux que tu penses.

Son sourire revient. Un sourire plus doux qu'à l'ordinaire. Ses mains aussi reviennent. Elles se posent sur mes épaules, me serrent. Mon cœur bat dans tout mon corps. Frédéric m'attire à lui et je me retrouve dans ses bras, le visage contre sa poitrine, tremblante et heureuse, tellement heureuse... Frédéric m'éloigne un peu, entoure la moitié de mon visage avec une seule de ses mains et se penche lentement vers moi. Ses paupières se baissent sur ses yeux noirs. Il a des cils incroyablement longs pour un garçon. Il est tellement beau... Les feux d'artifice dans ma poitrine vont exploser au moindre signal. Des vrais, cette fois. Beaucoup plus gros que dans tous mes rêves. Et Frédéric m'attire bien plus que David.

David !

Les lèvres de Frédéric n'ont même pas effleuré les miennes. Je le repousse tellement fort qu'il en perd presque l'équilibre.

— Maxine ? Qu'est-ce qui se passe ?

J'ai de la difficulté à parler. Les mots ne veulent pas sortir.

— David. C'est David... Hier, il... J'ai... Il est trop tard, Frédéric.

— Hier ? Mais il n'y a rien de sérieux alors. Une seule journée !

Il a l'air déçu. Terriblement déçu. Pire, il se sent humilié.

— Je ne peux pas lui faire ça, Fred. Je suis désolée. Je ne peux pas.

Je voudrais lui dire que tout va s'arranger. Que je vais parler à David demain matin. Il a raison, il n'y a rien de sérieux encore entre David et moi. Je voudrais lui dire que je pensais à lui, hier, quand David m'a embrassée. C'est à cause de lui qu'il n'y a pas eu de feux d'artifice. J'attendais Frédéric, pas David. Je n'aurais pas pu m'en rendre compte plus tôt ? Je voudrais lui expliquer, m'ouvrir le cœur et tout laisser sortir, tout ce que je viens de découvrir et que j'aurais dû comprendre avant. Mais lui, il ne veut pas m'écouter. Il sort de la cuisine à grands pas. Fâché. Très fâché.

— Frédéric, attends...

Il ne m'entend pas. Ou il ne veut pas m'entendre, cela n'a aucune importance. Il s'en va. J'ai tout gâché. Je hurle :

— JOËLLE !

Elle accourt, inquiète. Elle n'a pas l'habitude de m'entendre crier.

— Maxine, qu'est-ce...

Elle devine tout au premier coup d'œil, en remarquant l'absence de son frère.

— Oh non...

Je me jette dans ses bras et j'éclate en sanglots. Je crois bien que je n'ai jamais autant pleuré de ma vie.

— Frédéric... David... Je ne l'aime plus, Joëlle, ce n'est plus lui que je veux... C'est terrible... Frédéric... Il... Il...

Joëlle a des larmes plein les yeux, elle aussi. Elle me serre très fort contre elle mais, cette fois, rien ne pourra me consoler. Si j'avais voulu, je me trouverais dans les bras de Frédéric maintenant, pas dans ceux de sa sœur... Pourquoi la vie me joue-t-elle de si vilains tours ? David et Frédéric m'approchent à une journée d'intervalle, et dans le mauvais ordre ! Si seulement David avait patienté quelques jours de plus...

Joëlle me porte presque jusqu'à sa chambre. Je m'écrase sur le plancher, la tête sur son épaule. La vérité a parfois de ces façons de vous frapper qui vous jettent à terre. C'est Frédéric que je veux. C'est Frédéric que j'aime. Il n'y a plus aucun doute, maintenant.

Je finis par me calmer et je réussis à

tout raconter à Joëlle de façon à peu près cohérente.

— Je suis une imbécile, Jo. Je ne remarque jamais rien, je ne peux même pas voir que je change, je ne suis même pas foutue de savoir ce que je veux. Je regrette tellement ma soirée d'hier. Si j'avais dit non à David, si je l'avais laissé aller là-bas tout seul, rien ne serait arrivé. Je ne me sentirais pas comme une épave, aujourd'hui...

— Tu ne pouvais pas savoir.

— Non, voilà justement le problème ! Je ne peux jamais rien savoir ! Je ne peux jamais rien deviner ! Ce n'est pas juste, Joëlle ! J'avais toutes les chances de mon côté et j'ai tout envoyé en l'air !

— Avec David, ça ne pourrait vraiment pas marcher ?

— Non, pas du tout. Je l'aime beaucoup comme ami mais pas plus. Imagine, ça m'a pris trois ans à m'en rendre compte... D'ici deux jours, il va me tomber sur les nerfs. Je me connais : pour endurer un chum, il faut que je l'aime.

— Et Frédéric ?

— Oh ! lui... Il aurait pu se décider avant ! David me compliquait déjà assez la vie sans que Frédéric vienne ajouter son grain de sel ! Qu'est-ce que je vais faire, Joëlle ? Ton frère ne voudra plus jamais me parler !

Cette pensée déclenche une nouvelle crise de larmes. Je m'aperçois, soudain, à quel point Frédéric prend une place importante dans ma vie. Son absence créerait un terrible vide. Je ne pourrais pas supporter de ne plus l'entendre, de ne plus le voir après ces deux mois passés si près de lui.

Joëlle me laisse le temps d'écouler mon trop-plein de chagrin puis me parle d'une voix ferme, décidée :

— Écoute, je vais te dire ce que je pense : parle à David le plus tôt possible. Tu ne peux pas le niaiser indéfiniment. Ça lui ferait mal et tu te rendrais malheureuse. Après, attends quelques jours et parle à Frédéric. Explique-lui en détail ce que tu penses, ce que tu ressens. Il va t'écouter.

— M'écouter, oui, il écoute beaucoup, ton frère, mais comprendre ? Et pardonner ?

— Pardonner quoi ? Tu as montré du respect pour David, tu as voulu éviter de te retrouver entre deux gars, il n'y a rien de mal là-dedans.

— J'aurais pu lui dire avant, pour David et moi, avant qu'il finisse son discours... Je l'ai laissé s'avancer pas mal avant de l'arrêter. Il m'a presque dit qu'il m'aimait !

— En amour, les presque ne comptent pas.

— Quand même... Je m'en veux tellement, Joëlle !

— Ce n'est pas ta faute, pauvre toi... Les choses n'arrivent pas toujours au bon moment, tu n'y peux rien.

— Quand même... Je n'en dormirai pas de la nuit.

— Reste à coucher ici.

— Et tomber face à face avec Frédéric demain matin ? Non merci.

Elle n'y avait pas pensé. Avant, quand je voulais rester, je restais, Frédéric ou pas. Je remarquais à peine son existence. Maintenant, il n'y a plus que lui qui compte.

— Toi, viens coucher chez nous. À moins que tu veuilles rester avec Martin...

— Tu as des drôles d'idées, toi ! Martin peut se débrouiller tout seul pour une soirée ! Tu as plus besoin de moi que lui.

— Merci, Jo. Une chance que je t'ai.

J'ai une crainte folle de rencontrer Frédéric dans la maison. Si cela arrivait, je paralyserais sur place et je fondrais. Je me sens tellement mal ! À la fois coupable et victime. Heureusement, nous ne risquons pas de le croiser : la porte de sa chambre, fermée, nous empêche d'entendre ce qui se passe là-dedans. Nous rejoignons Martin qui nous attend au salon, seul. Joëlle s'avance et l'embrasse doucement, comme si elle craignait de me choquer ou de déclencher une nouvelle crise.

— Je vais aller passer la nuit chez Maxine. On se reverra demain...

Martin propose de nous reconduire. Je me dépêche de répondre :

— Non merci, j'aimerais mieux marcher, si ça ne vous dérange pas. Peut-être que l'air frais va me remettre d'aplomb.

Coup d'œil entre Joëlle et Martin. Il finira bien par tout apprendre. Je préfère cela. Je ne voudrais pas que toute cette histoire reste cachée comme un crime.

Je sais que je vole du temps aux deux amoureux, mais c'est plus fort que moi : ce soir, je me sens égoïste. J'ai besoin que Joëlle s'occupe de moi, de moi toute seule. Comme je l'ai déjà fait pour elle, quand elle désespérait que Martin l'aime un jour et que je lui remontais le moral.

Je n'ose pas parler de Frédéric à Martin, je pourrais me remettre à pleurer. Joëlle devine et pose la question à ma place :

— As-tu vu Frédéric ?

— Vu, oui, mais je n'ai pas pu lui parler. Il est enfermé dans sa chambre avec ses écouteurs sur les oreilles et il ne veut voir personne.

Aïe ! Il est vraiment fâché.

Une fois couchée, je parle de Frédéric à Joëlle pendant des heures. Elle m'écoute presque religieusement, posant à peine une petite question de temps en temps, pour m'encourager. Je lui raconte tout, la soirée chez les Tremblay, la première fois qu'il a lu les paroles, les frissons qui me couraient sur le corps quand il me touchait par accident, sa main dans mon dos ce soir, ses paroles, ses yeux, ses gestes. Je sais que je répète toujours les mêmes détails, que je raconte les mêmes histoires encore et encore, mais cela me soulage. Et Joëlle m'écoute. Je parle, je parle, jusqu'à ce que je n'aie plus de mots. Seulement une grande fatigue, beaucoup de déception et plein de questions auxquelles personne ne peut répondre. Je finis par m'endormir, la main de Joëlle sur la mienne.

CHAPITRE 8

Il y a deux semaines, quand Frédéric passait son temps à nous assommer avec sa mauvaise humeur, je le trouvais impossible. Maintenant, quand je regarde en arrière, cette période-là prend des allures de paradis. Je ne croyais pas qu'il pouvait empirer, mais il a réussi. Il ne dit plus un mot, sauf, parfois, à Martin. Même Joëlle se trouve sur sa liste noire, puisqu'elle m'accorde encore son amitié. Quand même, elle n'allait pas m'abandonner juste parce que j'ai mis son frère de mauvaise humeur ! Au début, je l'ai plaint : après tout, il se sentait atteint dans sa fierté par ma faute. Mais là, je trouve qu'il en met un peu trop. Quinze jours à bouder, c'est assez ! Je n'ai jamais vu quelqu'un avec la tête aussi dure...

David n'aide pas à redresser la situation. Il parle, lui, mais chaque mot qui sort de sa bouche assombrit Frédéric. J'ai eu besoin de cinq jours pour rassembler tout mon courage et lui dire la vérité, lui avouer que je n'avais plus le goût d'être sa blonde. Même si j'y suis allée avec des gants blancs et beaucoup de tact, il l'a très mal pris. Il n'a pas piqué de crise, ne m'a pas suppliée de changer d'idée, il a réagi très calmement, en répondant seulement : « Bon, si c'est ce que tu veux... » Point final, on ferme le livre. Il m'a embrassée sur la joue avant de s'en aller. Comme s'il n'y avait rien de plus naturel au monde que d'être abandonné par une fille qui rêvait de lui depuis des mois. Je me sentais trahie. David me donnait l'impression que je ne comptais pas pour lui, qu'il n'avait jamais été vraiment attaché à moi. Pourtant, je sais que cela lui a fait plus mal qu'il ne veut l'admettre. Je le devine juste à la façon qu'il a d'éviter de me regarder.

Je suis un paquet de déceptions pour tout le monde depuis quelques jours. D'abord Frédéric, ensuite David, et maintenant j'ai des problèmes avec la chanson. On la réussit de moins en moins. Les répétitions devraient l'améliorer, pourtant, pas le contraire ! Il faut dire que tout le monde semble jouer faux ces temps-ci. Le groupe tombe en ruine. Ultimatum... Le nom nous va bien.

J'essaie de coincer Frédéric quelque part depuis six jours, pour lui parler, mais je ne réussis pas. Il me file entre les doigts comme une poignée de sable. Pas difficile de deviner qu'il m'évite. C'est d'ailleurs ce qu'il fait depuis la soirée de sa presque-déclaration d'amour. Quand j'y repense, à cette soirée, j'ai des frissons. De plaisir et de regrets. J'aurais pu tout avoir et je me retrouve les mains vides.

Si seulement je pouvais parler à Frédéric...

▲ ▲ ▲

Nous voilà arrivés au dix-sept décembre. Demain, le concours. Demain, nous verrons ce que nous valons. Pas grand-chose, à mon avis. Les musiciens jouent chacun de leur côté, en s'appliquant, d'accord, mais sans ensemble, et sans émotion. Je ne fais pas mieux. Ce que je pourrais mettre dans ma voix et qui donnerait des frissons à tout le monde si je me forçais, je le garde pour moi. Je n'ai pas envie de partir à brailler devant les juges. De nous cinq, seul Martin montre encore de l'enthousiasme. Je dirais même qu'il en a autant qu'au premier jour. Il est incroyable ! Je commence à me demander s'il voit ce qui se passe autour de lui. J'en ai le cœur qui chavire. Pauvre

Martin, il mérite mieux que ce que nous voulons lui donner. Sa musique était bonne. Nous l'avons massacrée.

J'avoue que je commence à m'énerver un peu. Les gens ont tendance à porter leur attention sur la chanteuse, même si ce n'est pas toujours elle qui le mérite le plus... J'ai travaillé cent fois moins que les autres pour ce concours et, pourtant, je porte une grande partie de notre succès sur mes épaules. J'ai peur de ne pas me montrer à la hauteur des musiciens, eux qui se sont tellement acharnés sur leurs instruments pour arriver à un résultat. Je me déçois déjà assez comme ça, et j'ai déjà fait assez de mal à David et à Frédéric sans, en plus, ruiner notre heure de gloire... Plus j'y pense, plus j'ai le trac.

Il est vingt et une heures. Je vais aller me coucher avant de faire une crise de nerfs.

▲ ▲ ▲

Évidemment, je me suis levée à six heures et demie. J'aurais dû veiller plus tard, hier, jusqu'à minuit au moins, pour pouvoir dormir jusqu'à dix heures. J'aurais eu trois heures et demie de moins à attendre. Enfin... Je ne peux rien y changer, maintenant. Malgré tout, le temps a fini par s'écouler. Lentement mais sûrement. J'ai chanté toute seule dans ma chambre pendant une heure, j'ai passé le balai trois fois dans toute la maison, j'ai fait le tour du village à bicyclette, je me suis tourné les pouces un bon moment... Finalement, j'ai pris ma douche, j'ai enfilé ma petite robe noire « spécialement pour l'occasion » et je suis partie.

Nous entrons en scène à dix-neuf heures. Il est seize heures trente.

Je pousse la porte de la salle de spectacles. Il n'y a personne, évidemment. Nous avons une loge, que nous partageons avec un autre groupe. Je ne m'y rendrai pas tout de suite. J'ai encore le temps. Je monte sur la scène. Les techniciens viennent de terminer l'installation des lumières. J'espère qu'ils ne m'en enverront pas une dans les yeux. Je serai déjà assez nerveuse sans avoir à m'occuper de cela...

Le pupitre et le micro du maître de cérémonie sont en place. Il faudra que je pense à demander un pied pour mon micro. Je ne sais pas si les autres en utiliseront un, mais j'y tiens, à mon pied. J'aurai peut-être besoin de quelque chose à quoi m'accrocher.

Dans quelques heures, le plancher nous appartiendra, du moins pour quelques minutes. La salle, vide pour le moment, se remplira dans moins d'une heure, juste avant que le spectacle commence. Je me place au milieu de la scène, en avant. Et je commence à chanter. Tout bas d'abord, au cas où quelqu'un m'entendrait. Puis de plus en plus fort, puisqu'il n'y a personne. « Je te laisserai une dernière chance... » Je finis la chanson, je la recommence. Plus je chante, plus je me sens en confiance. J'entends presque la musique de Frédéric, David, Joëlle et Martin. Nous avons eu des accrochages, nous nous sommes marché sur les pieds, un peu trop souvent même, mais ils ne me laisseront pas toute seule. Ils se trouveront là, avec moi, Frédéric à ma droite, Martin à ma gauche, Joëlle et David derrière moi. Ils me soutiendront comme ils l'ont toujours fait, même si... Je recommence une autre fois la chanson. Une dernière fois ; après, j'arrête. Je ne voudrais pas me fatiguer la gorge... Je suis bien décidée à donner tout ce que j'ai ce soir, à n'importe quel prix, même si cela doit m'épuiser. Les derniers mots, « Pour reprendre ce que j'avais misé sur toi », résonnent dans la salle. Je me sens bien.

Des applaudissements retentissent derrière moi. Avant même de me retourner, je sais que c'est Frédéric.

— Bravo, Max. Tu chantes comme ça

au concours et on gagne.

— Je ne vise pas à gagner. J'espère seulement que je ne ferai pas une folle de moi. De toute façon, si on met la main sur le trophée, ce ne sera sûrement pas grâce à moi.

— Pourquoi ? Tu as écrit les paroles, ce que personne d'autre ne pouvait faire, et tu chantes...

— On dirait que j'ai tout fait pour qu'on s'écroule. Tout le monde marche sur la corde raide et on ne peut sûrement pas mettre la faute sur Martin ni sur Joëlle.

Frédéric se dépêche de tourner la tête pour ne plus me regarder et change de sujet.

— Es-tu nerveuse ?

— Oui. Fred...

Je voudrais que nous nous parlions une fois pour toutes. Il le sait. Lui, il ne veut pas m'écouter.

— Moi aussi, un peu plus et je me rongerais les ongles. Martin et Joëlle ont l'air pas mal énervés aussi.

— Tout le monde est arrivé ? Depuis quand ?

— Il y a vingt minutes. Tu ne nous as pas vus parce qu'on est entrés par la porte de derrière. On n'avait pratiquement pas le choix, à cause de nos instruments.

— Ah. Frédéric...

— On ferait mieux de partir d'ici, les organisateurs vont bientôt commencer à... organiser.

Je ris un peu avec lui. Ce n'est plus comme avant.

Je me dirige vers notre loge.

— Où vas-tu ?

— À la loge, pourquoi ?

— Je ne te le conseille pas. Martin joue « Au clair de la lune » depuis son arrivée et je ne crois pas qu'il s'arrête tout de suite.

— « Au clair de la lune » ?

— C'est sa façon de combattre le stress. Joëlle, de son côté, a fait son enchaînement de taï chi au moins huit fois. Pour la même raison.

Une pause. Puis :

— Je ne sais pas ce que David fabrique, lui, je ne l'ai pas vu encore. Il va arriver plus tard, j'imagine.

— Justement, en parlant de David...

— Toi, tu es ici depuis longtemps ?

Ça va, j'ai compris. Je n'insisterai plus. Chaque fois que j'essaie de placer un mot pour m'expliquer, il me détourne du sujet.

— Une demi-heure. Je n'avais plus rien à faire à la maison.

Un silence. J'hésite. Je viens de décider que je n'insisterais plus et pourtant... J'ai la tête dure !

— Frédéric, j'aimerais qu'on se parle.

— J'y pense, as-tu apporté...

— FRÉDÉRIC ! Ne fais pas semblant que tu ne m'as pas entendue !

— J'AI entendu, Max. Tu voudrais qu'on se parle. Il n'y a rien à dire.

— Arrête de faire l'autruche. Tu te caches pour ne pas affronter la vérité...

— Regardez qui parle !

— Je ne sors plus avec David !

— Et alors ? Qu'est-ce que ça change ? Oublie ça, Max.

— Non ! J'ai trop de choses à te dire !

— Je ne veux pas les entendre ! C'est simple, non ? Je ne veux pas t'écouter !

J'abandonne. Je ne peux pas le forcer.

— Alors, pourquoi es-tu venu me parler ?

— Parce que je voulais mettre toutes les chances de notre côté. Je voulais te voir en pleine forme pour chanter. Tu es bonne, Max. Je ne le dis pas seulement pour te faire plaisir. On a un bon groupe et une bonne chanson. Et puis cette soirée t'appartient un peu. Je m'en voudrais si je t'empêchais d'en profiter au maximum... Alors, on oublie, d'accord ? On efface.

— Je ne peux pas effacer, Fred. Tu m'as dit des choses...

— Oublie-les, Max. S'il te plaît. Oublie-les.

Les yeux de Frédéric, toujours aussi noirs,

ne montrent plus aucune trace de douceur. Je n'y décèle qu'une volonté farouche de ne plus se laisser piéger.

Je le suis en automate jusqu'à notre loge. Enfin, « loge », c'est beaucoup dire. Il s'agit plutôt d'une petite salle juste assez grande pour contenir neuf personnes et leur bagage. Nous et le groupe Tonnerre, comme on peut le lire sur la porte : Ultimatum et Tonnerre.

David vient d'arriver avec ses baguettes. Il n'avait pas à transporter d'instruments, lui. Joëlle non plus d'ailleurs. Les organisateurs fournissent la batterie et le clavier. David me sourit, presque timidement. Cela me met le cœur à l'envers de voir notre amitié brisée ainsi, et dans de telles circonstances. Qui sait, peut-être pourrons-nous la reconstruire ? Je lui souris à mon tour, puis je vais m'asseoir dans un coin. Je n'ai rien d'autre à faire que penser et les regarder, Martin avec sa guitare, Joëlle avec son taï chi, Frédéric avec sa basse et David qui frappe ses baguettes sur ses cuisses. Après vingt minutes, écœurée d'entendre le « Au clair de la lune » de Martin, je me lève.

— Je vais chercher quelque chose à boire, vous venez ?

Joëlle sort de sa transe.

— Où ça ?

— J'ai vu une distributrice dans le couloir.

— D'accord, je t'accompagne.

David et Martin acceptent aussi. Frédéric refuse, ce qui n'étonne personne.

À la machine distributrice, nous nous retrouvons nez à nez avec... Julia.

— Julia ? Qu'est-ce que tu fais ici ?

— J'ai trouvé un autre groupe. Des gens qui avaient plus de goût que vous autres.

Joëlle voit rouge.

— Peut-être, mais on verra qui gagnera.

Julia sourit. Ce sourire-là ne m'inspire rien de bon.

— D'accord, on verra.

Je veux m'éloigner d'elle. Et je n'ai pas envie de retrouver tout de suite Frédéric et les souvenirs qui s'attachent à lui. Il y a du bruit du côté de la salle. Le concours commence dans quinze minutes. David suggère que nous allions voir s'il y a beaucoup de monde. Martin laisse échapper qu'on devrait peut-être aller chercher Frédéric. David réplique qu'il ne voudra pas venir de toute façon. Martin, Joëlle et moi n'insistons pas. Nous comprenons que David se passe très bien de la présence de Frédéric.

La salle est pleine. Complètement pleine. J'aperçois mes parents, ceux de

Joëlle, de Martin et de David. Les trois frères de Martin s'y trouvent aussi.

— Il n'y a pas un siège de libre !

— Faudrait pas exagérer.

— Brr, j'en ai des frissons.

— Gang, ce monde-là va nous aimer, je vous en signe un papier.

— Ne vends pas la peau de l'ours avant de l'avoir tué, Martin.

La dernière remarque vient de David. Je lui en veux. Pourquoi se montrer pessimiste ? S'attendre à gagner, ce serait voir trop grand trop vite, mais espérer que nous nous ferons aimer, il me semble que cela n'a rien d'irréaliste !

Nous retournons à la « loge » encore plus énervés qu'avant. Je remarque avec soulagement l'absence de Frédéric. Je préfère ne pas me trouver dans la même pièce que lui. Je reprends ma place de penseuse dans le coin. Martin s'empare de nouveau de sa guitare. Joëlle replonge dans son taï chi. David... David lance un cri :

— Mes baguettes ! Quelqu'un a pris mes baguettes !

Au ton de sa voix, je devine que c'est grave. Très grave. La fin du monde.

— Es-tu sûr de les avoir laissées là ?

— Absolument. J'avais fait exprès pour pouvoir les retrouver tout de suite en arrivant.

— Et quelqu'un te les aurait prises ? Pourquoi ?

— Pour nous empêcher de gagner, voyons ! Sans baguettes, je ne peux rien faire !

— C'est l'autre groupe, j'en mettrais ma main au feu, c'est l'autre groupe !

Le taï chi de Joëlle n'a pas servi à grand-chose, d'après ce que je peux constater. Elle panique plus que Martin, David et moi réunis.

— Respire par le nez, Joëlle, tu énerves tout le monde. Je te ferai remarquer que « l'autre groupe », que tu accuses à tort et à travers, n'est même pas encore arrivé ! Peut-être que David se trompe. Ça se pourrait ! Nous avons tous la tête un peu ailleurs, aujourd'hui... De toute façon, David, tu trouveras sûrement quelqu'un pour t'en prêter une paire !

David proteste vigoureusement. Il veut absolument jouer avec ses baguettes à lui. Pas question de s'abaisser à utiliser celles d'un autre... Il m'énerve, des fois !

Les recherches commencent. Pendant dix minutes, silence total : on n'entend pas un son, sauf un juron occasionnel de David. J'espère qu'on ne se trouve pas en présence d'un vol, comme Joëlle et lui le supposent, sinon le farceur va passer un mauvais quart d'heure.

Je commence à désespérer quand, finalement, je vois un bout de bois dépasser d'un sac recouvert d'un blouson.

— Je les ai trouvées !

Les trois autres poussent un énorme soupir de soulagement.

— Tu les avais mises dans ton sac, David.

— Impossible. Je n'ai pas de sac.

Silence.

— Mais alors, c'est le sac de qui ?

— C'est le mien. Pourquoi, il y a un problème ?

Frédéric se tient dans l'encadrement de la porte avec un air interrogateur.

— Oui, il y a un problème. J'avais perdu mes baguettes et on les a découvertes dans ton sac, voilà le problème. J'espère que tu as une bonne explication !

— Hé ! insinuez-vous quelque chose, là ?

— Évidemment, j'insinue quelque chose ! On t'a laissé seul ici. Même l'autre groupe n'était pas encore arrivé. On revient, tu as disparu et les baguettes se cachent dans tes affaires, comme par magie !

— Je suis parti deux secondes après vous autres ! Je voulais aller vous rejoindre alors je vous ai cherchés, mais je ne vous ai pas trouvés !

— Deux secondes, tu dis ? Ce ne serait

pas plutôt une minute ? Ou même dix secondes ? Tu avais à peine besoin de dix secondes pour me prendre mes baguettes et les mettre dans ton sac ! Qui d'autre veux-tu que ce soit, Frédéric ?

David semble fou de rage. Frédéric a les poings serrés, prêt à se défendre si son adversaire lui saute dessus. Martin, Joëlle et moi assistons à la scène en spectateurs, muets, pétrifiés. Frédéric n'aime pas David, tout le monde le sait et connaît ses raisons, personne ne le blâme, mais nous n'aurions jamais cru qu'il irait jusque-là !

— Martin, Joëlle, Maxine, vous ne croyez pas ces stupidités, n'est-ce pas ?

Il regarde Martin, puis Joëlle. Les deux baissent les yeux.

— Maxine... Toi...

Je voudrais lui dire que je le crois. Personne n'est assez fou pour considérer Frédéric comme un voleur. D'ailleurs, je ne parlerais pas d'un vol mais plutôt d'une façon de se venger. Frédéric nous aurait-il fait ça ? Nous aurait-il punis tous les quatre pour se débarrasser de David ? Non ! Pourtant, les preuves sont accablantes...

Des paroles de Joëlle me reviennent : « Tu ne connais pas Frédéric quand il se met en colère. Il devient quelqu'un d'autre. Il peut faire des gestes dont tu ne le croirais jamais capable. » Je me souviens aussi qu'elle a dit : « Et quand quelqu'un le rend jaloux, c'est encore pire. »

— Maxine ?

Je soutiens encore un instant le regard des yeux noirs. Je les ai connus doux, joyeux, sérieux, attentifs, concentrés, pleins d'espoir ou d'enthousiasme. Cette fois, ils me supplient.

Je baisse les miens à mon tour.

— Tabarnak !

Frédéric donne un grand coup de poing sur le mur. Tellement fort que je sursaute. Il s'en va. Personne ne parle dans la loge. Nous n'osons même pas nous regarder. Pourquoi nous a-t-il fait ça ? À Martin, à Joëlle et à moi ? À David, je comprends, sans approuver. Moi, à la rigueur, ce serait compréhensible aussi. Mais à Joëlle ? Et à Martin, surtout, son meilleur ami, Martin qui attendait le concours comme si sa vie en dépendait ?

— Je retourne chez moi. Je suis écœurée.

— Maxine, attends, on va voir si on peut s'arranger.

— Si on peut s'arranger ? Martin, d'après toi, comment est-ce qu'on pourrait s'arranger ? Frédéric ne jouera pas. David non plus.

— Je n'ai jamais dit ça. Je vais jouer quand même. Je ne vous laisserai pas tomber parce que cet écœurant...

— Hé ! Ne parle pas ainsi de Frédéric !

J'ai beau désapprouver son geste, je ne permettrai pas que David l'insulte. David ou n'importe qui.

— Mais, Max…

— On ne sait pas ce qu'il avait dans la tête. Ou dans le cœur. Ne le juge pas.

David hausse les épaules.

— D'accord. Ce que je disais, c'est que je vais jouer quand même. À condition que Frédéric fasse de l'air, évidemment.

— Il doit déjà se trouver loin.

— Il va sûrement revenir, il a laissé ses affaires ici.

Je n'arrive pas à croire que Frédéric ait vraiment pris les baguettes. L'idée à elle seule me met à l'envers.

— Je vais faire un tour dehors.

David fronce les sourcils.

— Tu ne vas pas chercher Frédéric, j'espère ?

J'en ai assez de l'entendre traiter Frédéric comme un criminel.

— Ça changerait quoi, David Lessard ? Ça changerait quoi dans ta maudite vie, ou dans la mienne, ou dans la sienne ? Frédéric ne veut plus me parler, il ne veut plus m'écouter, il me regarde à peine ! J'aurais des millions de choses à lui dire, mais il s'en fout ! Il se fout que JE L'AIME !

Un silence de mort accueille ma déclaration. J'aurais voulu que Frédéric l'entende. À sa place, le groupe Tonnerre la reçoit en plein visage, en mettant le pied dans la loge.

— Mais si ça peut t'intéresser, non, je ne vais pas le chercher. T'es content ?

Je traverse le corridor en courant. J'ai besoin d'air. De beaucoup d'air. Tout le monde se masse dans le couloir, tous les groupes qui participent au concours, tout le monde parle en même temps, toutes les voix se mêlent. Soudain, il y en a une qui ressort très clairement. Une voix qui a prononcé notre nom, Ultimatum. Je m'arrête au milieu de ma course.

— Oui, Ultimatum, tu sais, le groupe avec Martin Dionne, Frédéric Gamache et David Lessard... Et il y a deux filles aussi, Joëlle et Maxine... Bon, je te disais que ça me surprendrait qu'ils gagnent. Ils ont perdu leur bassiste. Frédéric. Comment j'ai fait pour l'apprendre ? Je ne l'ai pas appris. Je le sais. Je suis dans le coup.

Voilà qui innocente Frédéric, qui prouve qu'il n'a rien à se reprocher... Et nous l'avons tous accusé !

— David le déteste. Frédéric lui a volé sa blonde. Alors, il a décidé de se venger. Tu connais David... Écoute le plan qu'il avait monté, c'est génial. Il prévoyait de faire sortir tout le monde vers cinq heures et demie. Frédéric n'irait certainement pas avec eux, il ne supporte pas David. Il resterait donc seul dans la loge. Moi, je devais me tenir près de la distributrice. David y passerait avec les autres, pour que je les voie, puis il me laisserait dix minutes. Comment ? Il emmènerait Martin, Joëlle et Maxine voir la salle... Je devais alors me rendre à la loge et dire à Frédéric que Maxine voulait le voir. C'est ce que j'ai fait. Aussitôt qu'il a entendu le nom de Maxine, il est parti comme une balle. Il ne m'a même pas demandé pourquoi elle ne venait pas en personne ! Je n'ai pas eu besoin de me creuser la tête pour inventer une raison ! C'était presque trop facile... Donc, la loge et les affaires du groupe étaient sans surveillance pendant quelques minutes. Je n'ai eu qu'à aller chercher les baguettes de David et à les mettre dans le sac de Frédéric. Puis, j'ai disparu de la circulation. Ni vue ni connue ! Et c'est Frédéric qui a reçu tout le blâme !

Je bous. Je bous vraiment. J'ai le sang qui veut me sortir des veines. Cette confession me rend tellement furieuse que j'en pleure. Je ne pense plus avec ma tête mais avec mon instinct, cet instinct qui fait que l'humain protège les gens qu'il aime. Je fonce vers la voix. Je la reconnaîtrais entre mille, cette voix, la voix qui nous a dit : « Vous allez me le payer. » Celle de Julia.

— Tout a marché comme sur des roulettes. Le plus beau dans tout ça, écoute, tu vas rire : cette poire de Maxine nous a aidés sans le savoir ! C'est elle qui a proposé de sortir, juste au bon moment, pour aller à la distributrice en plus ! Et comme si ce n'était pas assez, elle a elle-même trouvé les baguettes ! Frédéric pourra raconter ce qu'il voudra, personne ne le croira !

— Moi, je le croirai, Julia.

Ma voix sort de façon étonnamment calme, même si elle contient toute la rage et tous les reproches du monde. Julia ouvre de grands yeux, puis se reprend.

— Maxine, salut...

— Ne joue pas à la plus fine avec moi, espèce de vache. J'ai tout entendu. Alors, si tu ne veux pas que je te sacre un coup de poing sur la gueule, tu ferais mieux de détaler et vite. Attends ! J'y pense... Je n'ai pas fini.

Il faut croire que j'ai l'air convaincante parce que Julia semble prête à obéir à n'importe quel ordre que je lui donnerai. Son interlocutrice, quant à elle, s'éclipse sans demander son reste.

— Tu vas me faire le plaisir d'aller voir les organisateurs et leur dire que tu ne peux plus jouer.

— Mais mon groupe...

Je hurle, hors de moi :

— Il se débrouillera, ton groupe !

Julia se replie sur elle-même. Je n'aurais jamais pensé en venir un jour à mépriser quelqu'un comme je la méprise, elle, à cet instant précis.

— Mais je n'ai pas d'excuse à leur donner, ils...

— Je m'en fous, je m'en balance, je m'en contrefiche ! Débrouille-toi, c'est ton problème !

— Je pourrais toujours leur dire que tu me fais des menaces !

— Je pourrais toujours leur raconter vos petites manigances, à David et à toi. Tout le monde sait que je suis un ange, Julia. Et tout le monde sait que tu as des cornes. Laquelle de nous deux ils vont croire, d'après toi ?

Pendant une seconde, elle a cru qu'elle pourrait gagner. Elle reprend vite son trou.

— D'accord, d'accord, j'y vais.

Moi, je cours jusqu'à notre loge. Le groupe Tonnerre va être témoin de la tempête du siècle. Je me rue sur David, martèle sa poitrine avec mes poings de toutes mes forces. Je ne me connaissais pas une telle énergie.

— Espèce d'écœurant, de maudit

chien sale ! David Lessard, t'es rien qu'un lâche, un malhonnête, un pouilleux, une vermine, un...

Je manque de mots, alors je me sers de mes poings. Malheureusement, David n'a pas l'air de trop souffrir. Il semble juste surpris. Dommage. Si je pouvais, je lui casserais bien quelques dents. Finalement, je réussis à lui assener sur la mâchoire un coup qui l'étourdit un peu.

— Qu'est-ce...

— Mon salaud !

Je me remets à frapper comme une enragée, mais Martin me tire à lui et me retient fermement, malgré mes efforts pour lui échapper.

— Calme-toi, Maxine, tu vas le tuer. Si tu pouvais nous expliquer tranquillement ce qui se passe...

Un attroupement se forme rapidement à la porte. Joëlle essaie de le disperser. Le groupe Tonnerre se tient peureusement dans un coin. Ai-je vraiment l'air aussi méchante ?

— Il se passe que Frédéric n'a rien fait ! David et Julia ont tout arrangé pour qu'on l'accuse ! Et nous, comme des imbéciles, nous sommes tombés dans le piège !

David ramasse ses affaires en silence. En effet, il vaut mieux pour lui qu'il s'éloigne de ma vue au plus vite. J'aurais envie de lui cracher au visage, mais je me retiens. Je ne m'abaisserai pas à son niveau.

— Maudite tête à deux faces. Après tout ce que j'ai fait pour toi.

Je ne me débats plus sous la poigne solide de Martin. Je pleure encore, de déception cette fois. La nature humaine me déprime. Je croyais David mon ami et il me fait ce coup de cochon. Moi, j'ai trahi le meilleur gars du monde.

— Lâche-moi, Martin, je ne lui ferai rien de mal.

Il me redonne lentement ma liberté. Sans jeter un coup d'œil à personne, je lance :

— Je vais chercher Frédéric.

CHAPITRE 9

— Salut.
— Salut.
— Je t'ai cherché longtemps.
— Tu m'as trouvé.

Je m'assois à côté de lui, par terre, sur un bout de stationnement déneigé. Il fait déjà noir. Je grelotte un peu, mais cela n'a aucune importance.

— Tu vas salir ta robe.
— Je m'en fous.

Il s'en fout aussi. Il se fiche de tout. Quand nos amis nous abandonnent, qu'on ne peut plus se fier à personne, la vie doit paraître bien terne.

— Frédéric, je m'excuse pour tantôt. J'aurais dû te croire. Mais je savais que tu n'aimes pas David, et tu agissais de façon tellement bizarre ces derniers temps, tellement hostile envers tout le monde, tu n'étais plus toi-même...

— Et maintenant, tu me crois ?

— Je sais que ce n'est pas toi. David et Julia ont monté un coup pour te faire du tort. Ils voulaient se venger. J'ai entendu Julia le raconter à une autre fille.

— David... Je vais l'assommer.

— Ne t'occupe pas de ça. C'est fait... ou presque.

— Ah oui ? Martin s'en est occupé ?

Je me sens rougir. Que va-t-il penser de moi ? Il ne me trouvera pas très féminine...

— Non, Martin ne l'a pas touché.

— Qui alors ?

Je ne réponds pas. Frédéric ne m'a pas encore jeté un regard depuis mon arrivée. Cette fois, il se tourne carrément vers moi, un sourire amusé sur les lèvres, les yeux pétillants. J'ai la tête baissée. Je ne le vois que du coin de l'œil.

— Toi ? C'est toi, Maxine ?

— Oui.

Il éclate de rire. Je souris.

— Tu n'as pas fini de me surprendre, Max !

— Ce n'est pas drôle, j'ai mal à la main... J'ai cogné vraiment fort, tu sais !

— Ça t'apprendra à jouer les boxeurs... Fais voir.

Il prend ma main, l'examine.

— Il n'y a rien de grave. Ça va faire mal un peu et ça va partir tout seul.

— Merci, docteur.

Il garde ma main dans les siennes, si chaudes, si douces, si grandes. Mon cœur se remet à jouer du tambour.

— Frédéric... Quand Julia t'a dit que je voulais te voir, tu es parti à ma recherche... Accepterais-tu, maintenant, que je te parle ?

Il lâche ma main. Brutalement.

— Non. Je ne sais même pas pourquoi j'ai écouté Julia. Peu importe ce qui vient d'arriver, rien n'a changé. Tu t'es quand même moquée de moi.

— Moi ? Moi, je me suis moquée de toi ? Quand ?

— Tu m'as écouté me vider le cœur jusqu'à ce que je n'aie plus rien à dire, tu m'as laissé te prendre dans mes bras, et tu m'as repoussé au dernier moment, en pensant à David. Avoue que tu as agi de façon plutôt cruelle.

— Je t'ai écouté parce que j'attendais ces mots-là, parce que je voulais que ce soit toi qui me les dises, pas David. Je t'ai laissé me prendre dans tes bras parce que j'aimais ça. Et je t'ai repoussé par principe. Ce n'était pas facile pour moi non plus, Frédéric.

Je sens qu'il m'échappe. Je ne l'ai pas tout à fait convaincu.

— Maxine... Dis-moi... Est-ce que tu

as vraiment cru, tantôt, que c'était moi le coupable ?

Il me tend une perche. Il connaît parfaitement la réponse : oui. Pourtant, si je lui réponds non, il fera semblant. Il effacera. Je voudrais tellement revenir en arrière, pour dire devant tout le monde : « Non, il n'a pas fait ça, ne l'accusez pas ! » Maintenant, je ne peux plus. Je ne peux pas mentir. Ce serait le trahir une seconde fois.

— Oui, je l'ai cru.

— C'est tout ce que je voulais savoir.

Il se lève et retourne à l'intérieur. Je le suis en traînant la patte.

Joëlle et Martin nous attendent, un peu inquiets. Ils se jettent sur Frédéric, s'excusent vingt-cinq fois, le supplient de ne pas nous lâcher. Nous devons jouer dans une demi-heure ! Frédéric accepte, bien sûr. C'est sa chanson à lui aussi, après tout.

— Et pour la batterie... on a trouvé quelqu'un.

— Quelqu'un qui nous doit bien ça.

— Je vous vois venir... Il y a seulement deux personnes qui connaissent notre musique.

— On ne peut rien te cacher, mon Fred. Alors ?

Je n'ai aucune envie de savoir Julia derrière moi. D'un autre côté, sans batterie, nous diminuerions drôlement nos chances. Frédéric répond en même temps que moi :

— Oui, d'accord.

Julia apparaît. Elle tremble encore. La voix pleine de rancune, je lui lance :

— Viens donc, je ne te mangerai pas. Je ne te serrerai pas dans mes bras non plus, quand même...

Joëlle me sourit.

— Une autre chose, Max... Si on gagne, on veut que ce soit en battant toutes les équipes. Sur un pied d'égalité. Alors, on a laissé Julia se présenter avec son groupe aussi.

— Il n'y aura pas de problème si elle joue deux fois ?

— Cas de force majeure. On a réglé ça avec les responsables.

Frédéric ne semble pas très rassuré.

— Vous n'avez pas peur qu'elle fasse exprès pour nous déclasser ?

Le rire de Martin détend l'atmosphère.

— Oh non, ne t'inquiète pas ! Après avoir vu Maxine en colère, elle va être sage !

— Maxine en colère... J'ai manqué quelque chose, à ce qu'il paraît ?

Je ne tiens pas particulièrement à les entendre se moquer de moi, alors je décampe. Je vais aller passer ma main à l'eau froide. Elle brûle un peu... Manque d'habitude, peut-être ?

Quand je reviens, je suis accueillie par le groupe Tonnerre.

— Il y a eu un décalage, à cause du désistement d'une équipe. Vous passez dans cinq minutes.

Cinq minutes ? Déjà ?

Je cours jusqu'aux coulisses. J'ai l'impression de ne faire que cela, courir, depuis une heure. Martin, Frédéric et Joëlle sont là. Julia aussi, mais je choisis de ne pas la voir. Martin me chuchote :

— Enfin, tu arrives ! Joëlle commençait à paniquer...

Il n'y avait pas de quoi. J'ai le temps de souhaiter « Merde » à tout le monde et de serrer les mains de mon amie avant d'entrer en scène. Elles sont glacées, ces mains-là. J'espère que cela ne gênera pas Joëlle pour son jeu au clavier.

Le groupe avant nous vient de finir et sort, accompagné d'applaudissements plutôt faibles. J'entends l'animateur annoncer :

— Maintenant, le groupe Ultimatum nous interprétera une de ses compositions, « Dernière chance » !

« Une de ses compositions » ? C'est la seule !

J'avance sur la scène avec une peur bleue de m'accrocher dans des fils et de me retrouver par terre. Évidemment, cette peur n'est pas fondée et j'arrive à bon port. Les gars branchent leurs guitares, les accordent rapidement. Bon, les voilà prêts. Je m'approche du micro.

— Bonsoir...

Le micro griche. Je répète « Bonsoir » avant de continuer. Cette fois, le son est clair.

— Avant de commencer, j'aimerais apporter une petite correction. Si le compositeur le veut bien...

À ma gauche, Martin fait un signe affirmatif et surpris. Je traduis : « Fais ce que tu voudras, c'est grâce à toi si on a réussi à se rendre ici. »

— Heu... Bon, voilà : vous avez bien devant vous le groupe Ultimatum, mais le titre de la chanson, c'est... c'est...

Ça ne sort pas. Tous ces yeux fixés sur moi me gênent. Essayons autre chose.

— Cette chanson s'adresse à quelqu'un de bien particulier, quelqu'un qui ne veut pas m'écouter. J'essaie de lui parler depuis longtemps, mais il m'évite...

Frédéric se redresse, incroyablement attentif, je le sens, mais il se détourne et je ne vois que son dos.

— Au moins, il n'aura pas le choix de m'entendre chanter. Ça s'intitule... « Chanson pour Frédéric ».

Ouf! j'ai réussi à le dire. Je vois presque

le courant électrique qui traverse le dos de Frédéric.

J'ai les paroles imprimées dans la tête. Les anciennes et les nouvelles. J'ai changé des mots. Comme ça, il y a cinq secondes. C'est venu tout seul. Pour une fois, je vais laisser parler mon cœur au lieu de me fier à ma raison... pas toujours raisonnable, d'ailleurs.

Derrière moi, Julia lance : « ... trois, quatre » et la musique commence. J'oublie tout. Tout sauf ma voix et Frédéric, qui ne perdra pas un seul mot.

J'avais tout misé sur toi
Mes rêves, mes jours, mes nuits
Je ne pensais plus qu'à toi
Mais ton cœur s'est enfui

J'ai attendu si longtemps
Espéré si souvent
Je me racontais n'importe quoi
Je ne voulais pas être amoureuse de toi

Mais je n'y pouvais rien...

Laisse-moi juste une dernière chance
La dernière, puis je t'oublierai
Une unique et dernière chance
Pour t'atteindre et te toucher
Et si je ne réussis pas
Si tu m'en veux encore

Je baisserai les bras
Je t'effacerai de ma mémoire
Si je ne réussis pas
Si je ne réussis pas.

J'ai la tête qui bourdonne
Rien qu'à penser à toi
J'ai le cœur qui frissonne
Quand je rêve de tes bras

J'avais tout misé sur toi
Mes rêves, mes jours, mes nuits
Je ne pensais plus qu'à toi
Mais ton cœur s'est enfui

Pendant que Martin s'en donne à cœur joie à jouer son solo, je risque un coup d'œil vers Frédéric. Il sait que je le regarde, j'en suis certaine. Il se tourne un peu pour cacher davantage son visage.

Une dernière chance, une dernière fois
Pour regagner la confiance que tu avais en moi
Une dernière chance, une dernière fois
Parce que je... c'est plus fort que moi

Le mot est resté bloqué dans ma gorge. Je n'ai pas réussi à le dire. C'est trop réel, trop vrai. Je ne veux pas jeter ces mots-là à la foule d'affamés qui boit mes paroles.

Mon « Je t'aime », il n'appartient qu'à une seule personne.

Les applaudissements éclatent comme un orage. Je suis consciente que j'ai bien chanté, que je n'ai jamais aussi bien chanté. La musique de mes amis a porté ma voix à son sommet. Je ne me suis jamais sentie aussi forte, aussi invincible. J'ai l'impression que je pourrais conquérir le monde si seulement je m'en donnais la peine... Tous ces gens devant moi qui crient, qui m'encouragent, me donnent des ailes. J'ai le cœur gros, énorme, mais de fierté, pas de chagrin, cette fois. Je n'aurais jamais pensé pouvoir un jour être aussi bien sur une scène, brûlée par les projecteurs, le visage en feu, le cœur battant à une vitesse folle, comme si je venais de courir un marathon. Et, de fait, je viens de réussir toute une épreuve, qui aura demandé des semaines de préparation et bien des efforts et qui m'aura fait vivre beaucoup, beaucoup d'émotions. Je n'ai pas besoin d'attendre à ce soir, à la remise du trophée, pour savoir que nous avons gagné. Personne ne pourra nous battre. Il y avait trop d'énergie dans cette chanson-là, et pas seulement à cause de moi : Martin et Joëlle aussi se sont donnés à fond pour faire passer le message. Nous n'aurions pas pu jouer mieux. Eux aussi savent que nous avons gagné. Tout leur visage respire la fierté.

Moi, c'est le visage de Frédéric que je guette.

Il me sourit. Ce sourire... C'est celui qu'il avait l'autre soir. Son sourire joyeux et tendre. Je reconnais aussi ses yeux, ses yeux d'attente et de promesses. Il me semble encore plus beau sous les lumières. Il paraît aussi plus heureux. Il a compris. Il a fini par comprendre.

Dès que nous nous retrouvons à l'abri des regards des autres, derrière les rideaux, il enserre mes épaules.

— Tu as été extraordinaire, Max. Formidable, et pas juste sur scène. Martin m'a raconté ce que tu as fait à David...

— Tu ne vas pas encore rire de moi ?

— Jamais de la vie ! C'est super ! Je n'aurais jamais osé espérer que quelqu'un se battrait comme ça pour moi, et surtout pas une fille ! Ça va être le paradis, plus personne ne va m'écœurer maintenant que j'ai mon garde du corps...

Son garde du corps ! Il me dépasse de quinze centimètres au moins !

Frédéric me serre dans ses bras. Un peu trop fort, peut-être, mais je n'ai jamais été aussi bien. Sa bouche, toute proche de mon oreille, murmure :

— Tu as raison, je ne me suis pas

montré très agréable ces derniers jours. Je comprends que tu ne m'aies pas cru au début. J'ai été un monstre...

— Un monstre, non. Tu avais l'air bête et j'aurais eu envie de te taper dessus, mais ça ne veut pas dire que tu étais un monstre.

Il rit.

— Je m'excuse, Frédéric. Pour toutes les gaffes que j'ai faites.

Je sens son souffle dans mes cheveux.

— Maxine... Si j'essaie de t'embrasser, cette fois, tu ne te sauveras pas, hein ?

Je secoue la tête. Me sauver ? Après tous mes efforts pour revenir à la case départ ?

— C'est ma dernière chance, il ne faudrait pas que je la rate.

— Tu as passé le test.

Je chante doucement :

— *J'ai la tête qui bourdonne*
Rien qu'à penser à toi
J'ai le cœur qui frissonne
Quand je rêve de tes bras...

Ses lèvres sont chaudes et douces. Comme lui. Les feux d'artifice explosent en moi. Des feux d'artifice ? Plutôt des bombes atomiques !

Nous marchons lentement vers la loge, tout seuls dans notre bulle.

— Max, est-ce que je t'ai déjà parlé du vidéo ?

— Quel vidéo ?

— Le vidéo de la plage... Au chalet... Toi en pyjama...

— Ah ! ce vidéo-là ! Oui, tu m'as dit que tu trouvais l'idée originale, que tu avais filmé pour cette raison-là.

— J'ai une confession à te faire. J'ai menti. Je t'ai filmée parce que je te trouvais belle, dans le soleil.

— Je te pardonne.

— Autre chose, Max.

— Quoi ?

Il m'embrasse sur une joue, sur le front, dans le cou, puis sur les lèvres. Mon cœur ne sait plus où donner de la tête.

— Moi aussi, je...

À mon humble avis, c'est la plus belle déclaration qui ait jamais été faite sur cette terre.

Remerciements :

aux participant(e)s des différentes représentations du Musi, spectacle amateur de l'École Monseigneur-Labrie de Havre-Saint-Pierre ; ils et elles ont été ma plus grande source d'inspiration pour ce roman,

à Sylvia Cyr et Laura Boudreau, pour leur aide précieuse en tant que « premières lectrices »,

et tout spécialement à Pier André Gasse, pour son appui constant depuis six ans.

AGMV Marquis

MEMBRE DE SCABRINI MEDIA

Québec, Canada
2005